D1720484

DES ENFANTS ET DES CHATS

Collection : « LITTÉRATURE »

Si vous désirez être tenu au courant des publications de l'éditeur de cet ouvrage, il vous suffit de nous envoyer vos nom et adresse.

© Copyright 1987 by *Pierre-Marcel FAVRE. Publi S.A.*

Siège social :
29, rue de Bourg, CH-1002 Lausanne, Suisse
Tél. : 021/22.17.17 (Tél. de Paris : 19.41 21/22.17.17)

Paris :
2, rue du Sabot, F-75006 Paris. Tél. : 45.48.68.85

ISBN 2-8289-0268-4

Dépôt légal en Suisse en février 1987.

Photo de la couverture : Fahley Assaad. British Museum : Papyrus de Honnefer. Le Chat, symbole du Soleil, tranche la tête du Serpent des Ténèbres.

FAWZIA ASSAAD

DES ENFANTS ET DES CHATS

PIERRE-MARCEL FAVRE

PREMIÈRE PARTIE

LA FEMME ADULTÈRE

Le grand-père des jumeaux était le maire de Kasr-Hour, en Haute Egypte. On l'appelait : Son Excellence le *'Omdeh.*

Le ciel l'avait béni en lui donnant beaucoup : une maison confortable, deux bonnes épouses — la première étant morte, il en avait pris une deuxième —, de nombreux fils, des terres bien irriguées, ce qu'on nomme, là-bas, de la boue. Dans la balance des valeurs, la boue fait le poids : elle est la Terre Noire, l'Aimée, le limon du Nil, un don des dieux, une baraka d'Allah ! Et le *'omdeh* possédait des bêtes, de toutes sortes, en grande quantité : des bufflonnes, un buffle, des vaches, un taureau, des brebis, deux béliers, des chèvres, trois boucs et — marque de haute distinction — un étalon arabe et ses juments, tous beaux, racés.

Il avait de bonnes raisons de se comparer au maire de Hour.

Hour et Kasr-Hour, deux villages jumeaux dans la région de Mellawi. De petites différences les distinguent : à Kasr-Hour, un *'omdeh* musulman et le souvenir d'un temple, celui de la déesse des Renaissances, la grenouille Heket, épouse du dieu potier, le bélier Khnoum ; à Hour, un *'omdeh* chrétien et des églises coptes. Réunis, les deux villages formeraient un grand œuf jeté sur l'une des rives de la mer de Joseph. Un canal les sépare l'un de l'autre : l'Ashmounieh qui part d'Ashmounein, cette ville antique où se dressent encore les deux statues géantes du dieu de la parole et de l'écriture, le babouin Thot.

Thot, on le connaît aussi sous sa forme de croissant de lune ou d'oiseau ibis, le Grand Caqueteur qui pondit le premier œuf...

*
**

C'était au début du siècle...

Les deux *'omdehs* régnaient sur ce petit monde où chrétiens et musulmans se disputaient non pas Dieu, mais la terre et l'eau, les uns et les autres fabriqués sur le même modèle antique, semblables à ceux que façonna sur son tour le dieu potier Khnoum. Leurs ancêtres communs se convertirent au christianisme aux premiers siècles de l'Eglise, puis à l'islam, au temps de l'invasion arabe, ou plus tard, au cours du temps, pour d'obscures raisons dont l'histoire ne conserve pas la trace, tant elles sont futiles : des taxes trop lourdes à assumer, un désir de rompre avec un père abusif ou de voler un héritage, d'épouser une musulmane... L'essentiel, pour ceux qui restèrent chrétiens comme pour ceux qui se convertirent à l'islam, ne fut jamais ni le Christ ni Allah, mais ce mélange de terre et d'eau, cette « boue » qui collait à leur peau, qui les soudait les uns aux autres. Un lien plus fort que Dieu lui-même.

Les deux *'omdehs*, montés sur leurs belles juments, sillonnaient donc en maîtres les champs de coton, de blé, de trèfle, résolvaient les différends des uns et des autres, décidaient du partage des eaux et de la terre, ou s'engluaient dans les querelles des paysans.

Parfois, ils galopaient jusqu'au chemin de fer qui reliait, depuis près d'un demi-siècle, les grandes villes de la vallée à la capitale, à la mer, aux paquebots partant vers l'Occident.

Il leur arrivait de se rencontrer. Alors ils échangeaient de sages considérations sur la qualité de la récolte, le prix des graines ou la crue du Nil ; à travers ces soucis millénaires, ils devinaient ce que l'un et l'autre ne disaient pas : des rêves nouveaux.

Quand prirent-ils le train pour la première fois ? Personne ne saurait le dire. Le Caire avec ses pyramides et ses mille minarets les éblouit un jour. Ils jurèrent qu'ils y construiraient leur maison et leur tombeau, que le monde entier appartiendrait à leur descendance. L'avenir ressemblait à une voie royale.

*
**

Le premier-né du deuxième mariage du 'omdeh de Kasr-Hour avait une passion pour les livres. Son père reporta sur lui tous ses espoirs. Farid échapperait au destin du riche *fellah*, fabriqué sur un modèle hérité d'un trop lointain passé. Farid secouerait la poussière des siècles. Farid irait au Caire faire des études, se civiliser, s'occidentaliser.

Le 'omdeh ne manquait pas de fils. L'aîné lui succéderait dans ses fonctions de maire. Les autres suivraient l'exemple de Farid.

Et Farid se mit à l'étude du français et de l'anglais, parce que le monde à conquérir était alors à moitié français, à moitié anglais.

Il partit dans le même train que son ami d'enfance, le fils aîné du deuxième mariage du 'omdeh de Hour, Morcos Akhnoukh el-Zordogui. Tous deux, de paysans riches qu'ils étaient, devinrent des *effendis* : l'habit qu'ils revêtirent leur conféra ce nouveau titre ; il portait la marque des deux occupants du pays : veste et pantalons anglais et, sur la tête, un tarbouche turc, rouge. Turc aussi, leur modeste titre d'*effendi*, qui veut dire monsieur.

Farid ne revenait au village que pour les vacances et, plus tard, pour vaquer aux affaires de la famille. Il s'habillait alors en *djellaba*, et montait la même ânesse que dans son enfance.

9

Le pan de sa robe entre les dents pour l'empêcher de traîner dans la boue, il fouettait la croupe de sa monture et partait joyeusement à travers les champs de blé, de coton ou de trèfle, comme un quelconque *fellah*, un paysan !

Quand il eut terminé ses études d'ingénieur agronome, son père lui dit :

— Il faut maintenant te marier.

Il était nommé fonctionnaire du gouvernement. Il gagnait à peine quelques livres égyptiennes.

— Je te donnerai trente feddans de mes terres de Reramon et une maison au Caire. Toi, tu ouvriras le chemin de la capitale à tes frères.

Le père avait tout décidé. L'épouse, choisie par la mère, vivait à Reramon, près de Deir el-Malak, le Monastère de l'Ange. C'était, disait-on, la plus belle fille de la région. Elle était à peine âgée de quatorze ans.

— Je ne vais pas ouvrir une école, dit le fils.

— A quatorze ans, les filles de chez nous sont mûres pour le mariage, répondit le père. D'ailleurs, personne ne te forcera la main. Tu décideras quand tu l'auras vue.

Les terres de Kasr-Hour bordent la Mer de Joseph, celles de Reramon le Nil. Un jour du mois de mars, le père et le fils partirent à cheval. Au galop, ils traversèrent d'innombrables propriétés, sautèrent par-dessus les canaux — un réseau serré de voies d'eau — coupèrent à travers les champs de blé, de trèfle, de canne à sucre.

En ce temps-là, les époux ne devaient pas se connaître avant la cérémonie. Pourtant, les liens de parenté qui les unissaient autorisaient une brève entrevue. Zakeya jouait alors avec un cousin de son âge aux jeux de la tendresse. Elle était belle, en effet, la plus belle, avec son teint de lait, ses grands yeux couleur de miel, taillés en amande comme ceux de la vache du ciel, la déesse Hathor. Farid dit à son père :

— Je la veux, demande-la moi.

Et son père s'exécuta. Il négocia avec l'oncle de Zakeya qui se trouvait être son beau-frère. On ne demanda pas son avis à Zakeya. Sa mère, veuve et pauvre, souhaitait, pour vivre un peu mieux, bien la marier. Comme elle rêvait d'aller un jour au Caire, elle se porta garante des sentiments de sa fille.

Farid et son père demeurèrent à Reramon le temps de signer le contrat de mariage et de régler tous les détails concernant la vie du futur couple. La fête serait célébrée à l'occasion du départ de la mariée. Zakeya se rendrait d'abord à Kasr-Hour, plus tard au Caire, quand Farid aurait acheté une maison et une place au cimetière, près du mausolée de l'imam El-Shafe'i. Le *'omdeh* de Kasr-Hour portait en effet une grande dévotion à ce saint homme.

A la date prévue, le jour de la pleine lune, la famille de Farid arriva à Reramon. Les femmes, voilées de noir, voyageaient dans des palanquins perchés sur les bosses des chameaux ; les hommes, vêtus et enturbannés de blanc, étaient à cheval ou à dos d'âne. Ils partirent dès l'aube, à l'heure où s'en vont aux champs les buffles, les chèvres, les moutons et les mules chargées de paysans, pères et fils portant ces vis d'Archimède qui faisaient monter l'eau des canaux vers les champs... Farid suivait sagement son père. Il rêvait à Zakeya qui vivait dans ce village au beau nom de Bouche d'Amon, près du Monastère de l'Ange. Farid était amoureux et dans son imagination se mêlaient l'oracle d'Amon et les paroles de l'Ange. Il lui semblait que tous deux avaient décidé que son destin serait heureux.

Ils arrivèrent à Reramon à la tombée de la nuit. La lune n'était pas encore visible. Mais le lendemain, pour la noce, elle brillait au milieu des étoiles, éclairant les rues qui menaient vers la grande maison, celle du *'omdeh*, décorée de lampions, de guirlandes, de fleurs. La mariée attendait, entourée d'enfants et de femmes de tous âges. Les plus jeunes exhibaient des couleurs criardes, lumineuses ; rose bonbon,

11

vert pistache, rouge fuchsia, jaune canari. Les plus vieilles cachaient ces tons joyeux sous leurs robes et leurs voiles noirs. Une somptueuse tente avait été dressée pour recevoir les hommes. Les habitants du village, qui avaient passé des jours et des nuits à préparer la fête, demeurèrent sur la place. Ils savaient qu'il y aurait de la nourriture à profusion pour tout le monde. Des moutons entiers grillés à la broche ; des dindes mijotées dans de grandes marmites, des terrines de pigeon au blé vert ; des légumes : courgettes, aubergines, poivrons farcis ; du fromage blanc au lait de bufflonne, des pains aussi légers que des crêpes bretonnes, des dattes sèches... Chacun avait apporté son offrande à la table des mariés, des produits de la terre, comme autrefois. Des semaines durant, les paysans avaient défilé dans la grande maison. La scène évoquait les fresques peintes sur les murs des tombeaux, lorsque les défunts attendaient toutes les nourritures terrestres pour renaître, l'épouse enlaçant les épaules de l'époux. Mais à ce mariage, comme c'était alors la coutume, l'épouse était seule dans la maison du 'omdeh, entourée de femmes. L'époux fêtait son mariage loin d'elle, sous la tente, en compagnie des hommes. Il y avait ainsi deux banquets. Et les musiciens qui jouaient de la flûte et du tambourin se déplaçaient de l'un à l'autre. Un poète racontait, en s'accompagnant de son rebab, de tragiques amours :

— Ils jurèrent de se venger, disait-il. Alors ils attendirent le jour de ses noces. Au cœur de la fête, ils le poignardèrent.

Les larmes se mêlent volontiers à la joie. Le mélodrame fait partie des réjouissances.

D'Assiout, la ville voisine, on avait fait venir les almées. Elles entrèrent dans le grand salon, apportant avec elles la lumière et l'amour. Sur un fourreau de satin rouge s'étalaient leurs belles robes de tulle noir, décoré de minuscules piécettes d'argent. Une écharpe du même tissu flottait sur leurs bras nus. Au cou, un collier fait de trois croissants de lune. Sur la tête, des chandeliers aux bougies allumées. Leurs mains imitaient le mouvement des vagues ou les caresses de la bien-aimée. Elles nouèrent leur écharpe de tulle autour des hanches. Alors commença pour la mariée la danse du ventre, d'abord lente, ensuite plus rapide, jusqu'au vertige. Les flammes brûlant sur leurs têtes, le chatoiement du satin rouge, l'éclat des piécettes d'argent évoquaient un ciel étoilé éclairé par un soleil intérieur. Elles déposèrent leurs chandeliers, comme pour se séparer de leur enfant-lumière. Elles dansèrent autour de la lumière. Puis, en équilibre sur leurs jambes écartées, elles se renversèrent en arrière, laissant flotter leurs longues chevelures. Bouche ouverte, elles mimaient pour la mariée ces gestes de l'amour qu'elle n'était pas censée connaître, qui devaient la faire mourir de plaisir.

La danse se termina comme elle avait commencé. Les chandeliers sur la tête, les almées quittèrent la pièce, gracieuses comme ces paysannes qui vont puiser de l'eau, comme elles, se déhanchant et lançant des œillades. Elles avaient la beauté de la déesse-lune qui donnait naissance à un soleil.

Puis elles entrèrent dans la tente des hommes. Farid, éméché par l'arak qu'il avait bu, cet alcool de dattes dont il n'avait pas l'habitude, noua lui-même l'écharpe de tulle autour des hanches de la plus belle des almées, son châle de soie autour des siennes, prit un bâton, cligna des yeux, renversa son turban, et mima, lui aussi, avec elle, les gestes de l'amour.

Jusqu'à l'aube, tous chantèrent et dansèrent. Puis ils s'endormirent, l'époux chez son oncle, l'épouse dans sa maison.

La nuit suivante, avant le lever du coq, la noce se mit en route. La caravane avait doublé de volume : elle portait le trousseau de la mariée. La fanfare locale précédait le cortège. Les femmes, juchées sur des fiacres tirés par des chevaux, lançaient leurs joyeux hululements, de stridents *zagharites* ; les jeunes gens jouaient du flutiau, battaient du tambour, rythmaient la danse du bâton, éternel symbole phallique. Et les paysans, pour les regarder passer, s'arrêtaient de retourner la terre.

A Kasr-Hour, les lampions illuminaient les maisons et les

rues du village. La lune se leva tard. Les *fellahin* dormaient déjà près de leurs bêtes. Ce fut la première nuit des mariés. Ils firent leur devoir d'amour, afin d'avoir des enfants, beaucoup d'enfants...

*
**

Bien fait de sa personne, charmeur, Farid avait pour Zakeya des générosités de paysan riche. Il la combla de cadeaux et de tendresse. Lui : un homme, sérieux, un fonctionnaire, un *effendi*. Elle : une enfant qui rêvait à l'amour et ne connaissait pas d'autres hommes, même pas un père. Il l'intimidait. Elle obéissait. Mais Le Caire l'avait éblouie et son voyage jusqu'à la capitale n'avait été qu'une suite d'émerveillements.

Zakeya eut bientôt deux enfants, d'abord un garçon, Chafik, puis une fille, Rawheya.

La mère était restée avec sa fille. Elle l'accompagnait partout. On prétendait qu'elle voulait profiter des biens de son gendre, qu'elle était mal entourée...

— Il a voulu protéger la moralité de sa femme, dit l'une.

— Il en avait assez de se laisser piller, disait l'autre.

Toujours est-il que Farid commit la maladresse de renvoyer sa belle-mère. Elle ne retourna pas à Reramon. Au Caire elle prépara sa vengeance. Le jeune cousin qui avait partagé les jeux de Zakeya s'était lui aussi installé dans la capitale pour y faire des études. Elle décida de réveiller une vieille passion. Elle guetta les absences du mari, fit venir l'amant, cet enfant devenu un homme. Et l'amour flamba.

Farid souffrit. Devant les hommes, il perdait la face. Devant Dieu, il se révolta.

Il avait pourtant essayé de fermer les yeux, mais de bonnes âmes se firent un devoir de les lui dessiller. On vint de toutes parts lui montrer l'évidence. Les autres locataires voulaient que leur maison restât honnête. On exigeait de Farid qu'il eût le sens de l'honneur. Il ne lui restait d'autre choix que de jouer le rôle du mâle offensé. Alors il prononça ces mots contre lesquels une musulmane n'a aucun recours.

— Tu es répudiée !

La sentence dépouilla Zakeya de tout ce qu'elle possédait : une maison, des meubles, un solitaire de douze carats... Chafik, Rawheya !

La femme adultère n'obtient jamais la garde de ses enfants. La loi religieuse de l'islam, la *shari'a*, l'interdit. Zakeya vola les siens. Déguisée en paysanne, elle erra avec eux, le jour au jardin zoologique, la nuit dans des chambres de bonne ou dans les loges de gardien de la Cité des Morts. Une année entière, la police à ses trousses, elle erra comme une vagabonde traquée. Puis on l'arrêta, on la jugea, on lui enleva ses enfants. Elle se retrouva seule avec un corps douloureux, et des yeux qui n'en finissaient pas de pleurer.

Son amant, pour la consoler, lui offrit le mariage et la perspective de nouvelles grossesses.

— Il y en a qui ont de la chance, dirent les braves gens qui n'appréciaient pas de voir le mal ainsi récompensé.

Au village, le père de Farid était mort. Farid l'avait enterré selon son désir, dans le modeste mausolée qu'il lui avait fait construire près de celui de l'imam El-Shafe'i, au cœur de la Cité des Morts. Sa mère, en grand deuil, demeurait cloîtrée chez elle, comme l'exigeait la tradition, en Haute Egypte.

— Pourquoi sortirait-elle ? disait-on.

— Le clou du foyer est arraché. Ce qui lui reste de vie sera voué aux lamentations !

Les plus jeunes de ses fils allaient à l'école dans la petite ville de Mellawi. Elle les voyait rarement. Ses seuls compagnons étaient les bêtes.

Des bêtes, il y en avait partout. Des poules dans une véranda dépouillée de son dallage pour leur permettre de fouiller la terre, des dindons dans la salle de bains, jadis la gloire de la maison, désormais interdite à la famille ; sur la terrasse, des lapins creusaient des tunnels pour y enfouir leur nichée ; des pigeons ne parvenaient pas à voler parce qu'elle avait rogné leurs ailes. Le rez-de-chaussée était réservé aux vaches et aux taureaux, aux bufflonnes et aux buffles, aux chèvres et aux boucs, aux brebis et aux béliers, qui s'accouplaient et faisaient des petits.

Le lieu favori de la mère de Farid restait l'écurie. Elle y allait caresser l'étalon et les juments que son mari ne voyait plus et pleurait encore ce brave homme dont elle avait été la deuxième épouse très aimée. Elle devenait folle à force de trop penser à son malheur.

Farid lui confia ses enfants ; sans doute parce que tout le reste de la famille était demeuré au village ou à la ville voisine. Son demi-frère, 'omdeh de Kasr-Hour, et sa sœur, mariée au maire d'Etlidem et ses innombrables cousins qui cultivaient la terre ou fabriquaient de la mélasse et du sucre de canne.

Trois années durant, Farid porta le deuil de son bonheur.

Il chercha à s'étourdir dans son travail, sans y parvenir. Il se sentait très seul dans la grande maison déserte.

Tout changeait et se métamorphosait. D'autres paysans, à l'exemple de Farid et de son ami Morcos, avaient quitté leur village pour devenir à leur tour des *effendis*. Leur nombre augmentait à une allure vertigineuse, tous unis par leurs liens à la terre, prêts à prendre en main les destinées du pays, à le libérer de la tutelle étrangère.

L'aventure était enivrante. Elle commença au lendemain de la Première Guerre mondiale, quand les califes ottomans qui se disaient successeurs du Prophète et prétendaient régner au nom de l'islam furent vaincus. L'Egypte, devenue protectorat anglais, fut alors gouvernée par un sultan d'origine albanaise, descendant du grand Mohammed'Ali. Celui-ci avait été délégué par les Turcs au début du XIXe siècle, alors que l'Egypte n'était qu'une province de l'empire ottoman. Le sultan exerçait un pouvoir quasi absolu. Il désira encore se faire nommer calife et vouer l'Egypte à l'islam. Les Anglais, maîtres dans l'art de diviser pour bien régner, encouragèrent son ambition en même temps qu'ils autorisaient la création d'un foyer sioniste dans la région.

Les *effendis*, hostiles aux Anglais, envoyèrent une délégation, le Wafd, pour négocier le départ des troupes britanniques. Bientôt, le pays entier se souleva : les riches pachas et les pauvres paysans, les conservateurs et les progressistes, les chrétiens et les musulmans, les hommes et les femmes. La mobilisation fut générale et dura des années. Les prêtres haranguaient les foules depuis les chaires des mosquées ; les ulémas musulmans prêchaient la révolte dans les églises. On ne parlait pas alors, dans ces situations, de profanation ni de sacrilège. Au contraire, partout flottait le drapeau national qui unissait le Croissant et la Croix, l'emblème du Prophète entourant celui du Christ, comme pour l'embrasser. Les épouses des wafdistes descendaient voilées dans la rue, manifester et diffuser le mot d'ordre :

— L'Egypte aux Egyptiens ! qu'ils soient juifs, chrétiens ou musulmans !

Les chefs de la délégation furent emprisonnés ou déportés par les Anglais, à Malte ou aux Seychelles. D'autres prirent la relève. Le flambeau ne s'éteignait pas. Les nationalistes n'avaient pour arme que la résistance passive : grèves, manifestations et mobilisation des masses.

Farid prit part à la grande fête. Lui aussi fut entraîné par la vague révolutionnaire. Lui aussi rêvait de limiter le pouvoir d'un roi qui avait été sultan et voulait devenir calife, soutenu par certains religieux et par les Anglais. C'était en effet une merveilleuse aventure que de créer une démocratie et de faire fonctionner un parlement.

Mais Farid n'était pas doué pour la politique. Moins doué sans doute que ces suffragettes courageuses et voilées qui enflammaient les foules et qui eurent un jour l'audace d'ôter le voile en public et d'exiger pour les femmes le droit à l'instruction.

— Si Zakeya et ma belle-mère avaient eu de l'instruction, j'aurais peut-être été plus heureux ! pensait Farid.

— Elles auraient su t'apprécier, lui disait Morcos.

Les livres lui servaient de refuge. Il les aima, comme on aime une consolation, une promesse d'avenir, le charme de l'inconnu. C'était bien grâce à l'instruction qu'il avait pu se séparer des bêtes, des plantes et de ces *fellahin* que le dieu potier, Khnoum, fabriquait sur son tour, avec la boue du Nil, que la déesse Heket à tête de grenouille faisait renaître de cette même boue et qui se multipliaient, à un rythme magiquement accéléré.

L'histoire des religions le passionnait. Car Farid était un croyant qui aimait, par-dessus tout, comparer sa foi à celle des autres, et même au paganisme.

Un jour, il se crut guéri. Il venait de concevoir un grand projet : réintroduire la culture et l'artisanat du papyrus. Des papyrus en Egypte, il n'y en avait plus qu'au zoo et dans le jardin du prince Mohammed'Ali. Ce scandale ne pouvait durer.

Il en fit pousser chez lui, dans sa chambre, dans son bureau. Il connaissait la manière de fabriquer du papier avec le cœur des branches. Il lui suffirait d'acheter des terres, d'aménager un laboratoire.

Il n'y eut plus de place, dans ses rêves, pour la première épouse.

Alors il pensa que tout, pour lui, pouvait recommencer.

— Trois années de deuil, cela suffit, lui disait Morcos.

— L'homme n'est pas fait pour vivre seul, répétait sa mère.

Farid prêtait l'oreille.

Il lui fallait une nouvelle épouse, « propre », de bonne famille, qui serait son foyer, son *haram* : une enceinte sacrée, interdite aux autres. Il ne voulait pas souffrir une deuxième fois.

D'un deuxième mariage, Farid espérait renaître. Il dit à son entourage qu'il cherchait la perle rare.

— J'en connais une, lui dit un collègue, parfumée comme le musc.

— J'en connais une, lui dit un autre collègue, belle et riche à millions.

Farid prêtait l'oreille.

Il allait voir ses enfants de temps à autre, quand il avait besoin de faire des comptes avec les paysans qui louaient sa terre et celle de ses frères. Il se faisait du souci pour leurs études.

— Aussitôt que je me remarierai, pensait-il, je les emmènerai au Caire. Après tout, l'éducation est une affaire de femmes.

Mais il n'avait pas la conscience tranquille. Il voyait bien que sa fille était détestée par sa mère et son fils trop gâté par elle. Avant le malheur, elle disait déjà :

— Je ne suis grand-mère que par Chafik, Rawheya n'est qu'une invitée dans la maison.

Ou bien elle disait :

— L'honneur de la famille dépend de la vertu de ses femmes. Et la fleur d'une fille est chose si délicate ! On ne saurait être assez vigilant.

Mais après le scandale, elle fulminait :

— Une fille tient toujours de sa mère. Et sa mère est déshonorée. Personne ne voudra de Rawheya. Elle nous restera sur le dos, un souvenir de notre honte.

Lorsque l'enfant eut les yeux malades, elle ne prit pas la peine de la faire soigner.

— Qu'elle meure, disait-elle.

Et, levant les bras et le regard au ciel, elle ajoutait un « Inshallah » qui ressemblait à une invocation : « Qu'Allah le veuille ! »

On racontait dans le village que la mort de son mari l'avait rendue folle. Et cela faisait mal à Farid. Il devait se remarier pour empêcher un plus grand malheur !

FARID ET FARIDA

Deux photos dans deux cadres d'argent figèrent les traits des nouveaux époux.

Farid était alors un *bey*, titre turc qui précède de peu celui de pacha. Il avait à peine trente ans. Bel homme, grand, mince. Sur la photographie, il portait frac, nœud papillon noir, chemise blanche amidonnée, un œillet à la boutonnière, de la couleur de son tarbouche turc, rouge. Farida avait une longue robe de soie d'une déconcertante simplicité, à peine bordée d'une ruche et d'un liseré de velours. Le décolleté, taillé en V, s'ouvrait comme un vase pour porter un visage de fleur et piquait décemment sa pointe dans le creux de deux seins, là où s'attachait un bouquet de rubans. A la taille, une ceinture retenait un deuxième bouquet. Au cou, une torsade de perles d'eau.

Ces deux photos avaient été prises à l'occasion d'une réception dans une maison de la haute aristocratie turque.

Qu'allait donc faire Farid, fils de paysan riche, dans ce milieu de pachas qui gouvernaient, avec les Anglais, le pays ? Son intérêt pour le papyrus lui avait-il attiré la sympathie d'un jeune diplomate ?

Cette ascension sociale n'avait rien d'étonnant. En quittant Kasr-Hour, Farid avait appris à changer de personnage en même temps que de costume. Aux tables du village, il dépeçait le mouton de ses deux mains, y mordait à pleines dents, se servait de ses trois doigts et d'un morceau de pain comme d'une cuiller. A la ville, il maniait la fourchette et le couteau avec aisance, à condition de ne pas se trouver avec des gens venus, comme lui, du village. Lorsqu'il se trouvait en compagnie de sa famille de *'omdeh*, il risquait un calembour osé, riait haut et fort, mais il soignait sa conversation en compagnie des gens occidentalisés, l'illustrant même de lectures choisies ; il parlait assez bien le français ou l'anglais, même s'il commettait quelques fautes de grammaire. Il était devenu ce qu'on appelle un *paysan propre*. Il pouvait redevenir paysan. Il appartenait à deux mondes bien distincts. Il avait, de toute façon, l'élégance et la courtoisie naturelles à l'homme de la vallée. Et puis, ce qui paraissait étonnant un quart de siècle plus tôt ne l'était plus depuis que le Wafd avait mobilisé les forces du pays. L'éducation portait son poids de magie et Farid avait de l'éducation. Il présentait bien. Il était riche. Il avait un avenir. Son seul défaut était d'être célibataire. On ne fait pas confiance à un célibataire. Mais quand on devine en lui un parti possible, on lui ouvre les bras...

Alors on avait arrangé pour lui ce mariage.

Farida demeurait discrète quant aux circonstances de leur rencontre. Quand on la harcelait de questions, elle disait, comme pour camoufler une incartade :

— Jamais un homme n'a croisé une femme du harem. Les eunuques veillaient au respect de l'ordre.

En revanche, elle aimait raconter le luxe de cette réception :

— Les tables disposées en fer à cheval étaient couvertes de nappes blanches damassées, d'assiettes de Sèvres, d'argenterie turque, de somptueux bouquets de fleurs ; des serviteurs vêtus de kaftans bleus brodés de fils d'or, enturbannés, gantés de blanc, présentaient, sur des plateaux de vermeil, le plus gros bar de la Méditerranée, la plus belle dinde du Fayoum, les légumes les plus frais de la campagne des pyramides, les douceurs les plus parfumées de l'Orient, apprêtés, découpés, décorés par de grands chefs. De tout en abondance, dans des plateaux placés à des intervalles réguliers, tous les mètres, car les restes devaient nourrir de nombreux domestiques ainsi que leurs familles, sans oublier les pauvres gens. Pour distraire les convives, on avait invité poètes, danseuses, prestidigitateurs, chez les hommes comme chez les femmes...

Farid, lui, racontait un coup de foudre. Farida l'avait ébloui lors d'un banquet. Il avait eu l'impression, ce jour-là, que le poète qui improvisait en s'accompagnant de son rebab, chantait son amour ; que la danseuse qui s'était assise sur ses genoux avait le regard, les cheveux, le sourire de Farida.

Il avait à peine aperçu Farida. Il ne savait même pas son nom.

Alors il posa d'innombrables questions à ses voisins de table, mais discrètement, pour ne pas avoir l'air d'un coureur irresponsable. Un homme célibataire, encore pire, divorcé, un homme sans femme éveillait la défiance.

La rumeur publique le rendit vite malheureux. Elle disait que le médecin de la famille royale avait demandé Farida en mariage. Il se crut, une deuxième fois, en deuil d'amour. Il ne pouvait se mesurer à un personnage d'une telle importance.

Il erra dans la capitale quelques jours. Puis au village.

Il fit part de son chagrin à son ami Morcos de Hour. Celui-ci, devenu médecin, venait d'épouser la fille d'un pacha copte chrétien.

— Fiancée, s'écria le docteur Morcos, elle ne l'est pas. L'homme en question est un célibataire endurci qui n'a aucunement l'intention de se marier !

23

Alors Farid se précipita chez son demi-frère. Il demanda au nouveau maire de Kasr-Hour de lui servir de messager d'amour. Il le força à mettre son costume anglais et son tarbouche turc et les deux amis galopèrent sur leurs juments jusqu'à la gare de Mellawi ; là, ils abandonnèrent leurs bêtes au palefrenier, prirent le train jusqu'au Caire.

Chemin faisant, le *'omdeh* essaya de raisonner Farid. La démarche l'intimidait.

— Ce n'est pas une mince affaire, pour un *fellah*, d'aller rencontrer un pacha turc ! Ne laisse pas tes jambes dépasser la longueur de ton tapis, Farid. Nous ne sommes pas à leur hauteur !

— Va me la demander en mariage, dit Farid, et ne t'occupe pas du reste.

Souka pacha était un homme courtois. Il dit au maire de Kasr-Hour :

— Laisse-moi réfléchir deux jours.

Souka pacha consulta son épouse, puis son fils.

— Farid Sabri est de ta génération. Tu le rencontres au café. Penses-tu que je peux lui donner ma fille ?

Le frère se mit en quête de renseignements. Le docteur Morcos lui en fournit.

— Farid est riche, dit-il. Sa terre est fertile et bien irriguée. Et puis, il a un bel avenir au Ministère de l'agriculture. Marié, divorcé pour cause d'adultère, il est père de deux enfants.

— Est-ce qu'il boit ? demanda encore le père. Un homme qui boit, on ne peut lui faire confiance.

Le fils poursuivit son enquête. Farid ne buvait pas. Farid était un pieux musulman qui préférait ses livres à toute autre distraction.

Et le père accepta de donner sa fille au paysan venu de Haute Egypte.

— Un pieux musulman qui aime les livres saura rendre

mon enfant heureuse, confia-t-il aux autres pachas de sa classe.

La jeune fille passa de la tutelle de son père à celle de son époux, en vertu d'un contrat de mariage signé par Farid bey et Souka pacha, en présence du muezzin, dans la plus stricte intimité. Les mains unies sous un mouchoir blanc, les deux hommes se lièrent par des liens de famille. Farida conservait son nom, sa fortune personnelle, don d'une grand-tante : autant de privilèges dont jouit la femme musulmane. Elle recevait encore de son époux une fort belle dot destinée à meubler sa maison. Et pour sceller le pacte, Farid lui offrit ce solitaire de douze carats qui avait appartenu à sa première épouse.

Désormais, avant même que de consommer son mariage, elle appartenait à son époux. Elle pouvait écrire son nom : El-Sayeda Farida Souka, haram el-Sayed Farid Sabri 'Abd el-Malek*. Officiellement, elle se nommait ainsi. Mais les gens du peuple, qui conservent un peu du vocabulaire antique, l'appelaient *El-Set*, la Dame, et les gens plus cultivés, le *haram*, l'enceinte sacrée, celle de Farid bey, bien entendu.

* Mme Farida Souka, épouse de M. Farid Sabri 'Abd el-Malek.

Farida admirait les suffragettes d'alors, mais se conformait aux plus strictes traditions. Elle s'était longtemps morfondue au chevet d'un père vieillissant. La vie, elle ne pouvait y avoir accès que par le mariage. La vie, c'était la tâche de son existence. Elle allait s'y atteler avec ardeur.

Il avait été entendu qu'elle ne s'occuperait pas des enfants de la femme adultère. Le père insista là-dessus et Farid se soumit. Sa mère, pensait-il, pourrait encore veiller sur eux.

Peu à peu, elle allait recouvrer la raison, espérait-il. Après, plus tard, on verrait. Allah est grand.

Farida était bonne et elle avait le sens du devoir. Les enfants avaient été trop longtemps séparés de leur père. Cela suffisait. Elle avait l'intention, avec l'aide d'Allah, de tout arranger. Et puis, elle était résolue à fonder une famille. Il n'était pas question de donner une éducation différente aux enfants d'un même père.

Alors les hommes modifièrent les termes de leur contrat. Farid bey s'engagea à louer deux appartements contigus, l'un pour les enfants de la femme adultère, l'autre pour son jeune ménage.

Il chercha, sur le conseil de Morcos, à louer un appartement dans le quartier résidentiel d'El-Orman. Il y avait une rue, toute petite, qui formait comme un trait d'union entre un bout de Nil bordé d'ambassades, de résidences de notables et une grande avenue où passait un tram jaune qui longeait le jardin zoologique et celui des Plantes puis s'éloignait vers la ville. La belle-sœur du docteur Morcos avait décidé d'habiter là ; elle venait d'épouser un collègue de Farid, Bassily bey ; d'autres amis, de bons musulmans, les Mare'i, emménageaient aussi dans ce même immeuble neuf, le seul de son espèce : à peine quatre étages, deux appartements par palier, et un sous-sol pour le concierge et sa famille et un toit qui formait terrasse ; en face de l'immeuble, il y avait deux palais de princes et de princesses, une grande pépinière ; alentour, une orgie de verdure : des manguiers, des palmiers, des flamboyants, des eucalyptus.

Farid arriva un soir de ramadan pour visiter les lieux, avant le coucher du soleil et le coup de canon qui annonce la fin d'une journée de jeûne. De la terrasse, il pouvait admirer la campagne ; à peine plus loin, le désert, puis les pyramides de Khoufou, de Chéphren et de Menkaoure, ces tombeaux d'où le dieu-roi renaissait vivant, comme d'une enceinte maternelle, comme cette verte vallée d'un ocre désert. Le spectacle qui s'étalait devant lui l'étonnait toujours. En cet instant, le triomphe de la vie sur la mort le gonflait de joie. Lui aussi allait reverdir.

Aux balcons des palais de princesses, des cheikhs, rassemblés trois par trois, psalmodiaient, en voix alternées, des versets de Coran. Sur le Nil, les bateliers des majestueuses felouques et ceux des lourds chalands chargés de jarres de mélasse, de balles de coton, de briques rouges, leur répondaient. Dans les rues, quelques enfants, des lampions à la main, quémandaient de l'argent ou des friandises ; ils chantaient la lune dans un langage venu du fond des temps :

Wahaoui, Ya Wahaoui, Ia-a-a-a-ha...

Les familles, les équipages des felouques se réunissaient pour le premier repas d'un jour de jeûne, l'*iftar*. Farid partit flâner. Il s'aventura dans les champs cultivés, si proches de la maison. Un paysan rompait son pain ; un héron garde-bœuf picorait des vers de terre. Bêtes, hommes, charrues se reposaient d'un travail millénaire. Seule, une bufflonne s'activait encore. Attelée à sa grande roue, la *sakiah*, elle faisait monter l'eau du Nil dans les canaux, pour irriguer la terre.

Ce jour-là, Farid bey décida de louer le dernier étage de cet immeuble qui n'en avait que quatre. Il voulait cette terrasse proche du ciel et voir à ses pieds la vallée surgie du désert.

UNE VIE NOUVELLE
POUR FARID BEY

Le soir de ses noces, Farida arriva dans un carrosse doré, précédée de vingt-quatre cavaliers musiciens, suivie d'un défilé d'autres carrosses.

Au pied de l'escalier, une foule d'invités l'attendait : des femmes voilées à la mode turque ou chapeautées à l'occidentale, des pachas portant leur poids de médailles ou dépouillés de décorations, tous en frac et coiffés de tarbouches.

Au bras de son père, Farida monta, sous une pluie de sequins, les quatre étages d'une maison qui baignait dans la lumière. Joueuses de flutiaux et matrones hululant de joie lui composaient une étourdissante musique. Sa traîne, longue de vingt mètres, flottait derrière elle, tenue par douze demoiselles d'honneur.

Farid la reçut sur le seuil de l'appartement d'El-Orman.

Il n'en espérait pas tant pour ses deuxièmes noces. Il épousait une jeune fille d'une grande famille turque, une citadine occidentalisée qui cherchait son modèle de vie chez les Françaises et les Anglaises, qui savait passer du voile au chapeau occidental avec une aisance de grande dame. Il allait être fier de la montrer à l'étranger, dans la société de gens cultivés et même de l'avoir à son bras, coiffée d'un gracieux *yashmack*, cette toque d'organza blanc pourvue d'une voilette du même tissu transparent, couvrant ou découvrant le nez et la bouche. Le port du *yashmack* était un signe de grande

29

distinction. Il n'aurait pourtant pas de harem, il y était résolu. Avec elle, il allait découvrir le monde, partager de belles lectures. Et puis, Farida l'émouvait, avec cette malice dans le regard, cette manière de rire comme une enfant, pour un rien, pour une mouche qui vole.

— Trente ans ! Une vieille fille, disaient les méchantes langues.

Pour excuser cet âge avancé, Morcos lui avait dit :

— C'est comme ça, Farid, il faut en prendre ton parti. Aujourd'hui, on admire les suffragettes !

Farid bey avait esquissé un sourire. Il n'était, après tout, qu'un paysan cultivé.

Il ne se sentait plus de bonheur quand elle passa du bras de son père au sien. Autour de lui, on admirait la mariée, sa richesse, sa robe.

— Sa taille, on dirait une gazelle. Et ce teint de lait ! dit une matrone.

— Dis qu'elle est blanche, cela suffit. Dis qu'elle est brune, mais fais-lui justice : décris-la ! dit une autre.

— La raison de ce teint ?

— Elle a une grand-mère circassienne. Elle a hérité sa beauté.

Dans le grand salon d'hiver, la grand-mère de Farida trônait dans un grand fauteuil. Elle dit, péremptoire :

— Chez nous, on n'épouse que des Turcs.

Farida l'entendit. Elle se fâcha doucement :

— Teta, chuchota-t-elle à l'oreille de la vieille dame — c'est ainsi que l'on appelle la grand-mère — Teta, tu sais bien que mon mari est de souche paysanne !

— Chut, répondit Teta. Il ne faut pas le dire. D'ailleurs, personne ne le croirait. Regarde comme il a la peau blanche !

Et Farida partit d'un grand éclat de rire perlé, de ce rire irrésistible et contagieux qui, plus que son teint de lait et sa taille de gazelle, faisait son charme.

« Adorable grand-mère, pensa-t-elle, comment être dupe ? Et de qui te moques-tu ? »

Farid ne voulait pas inviter grand monde de son côté : quelques collègues, sa famille proche. Et pour ne pas commettre d'impair, il commanda le buffet chez Groppi, le pâtissier suisse le plus célèbre du Caire. Ses officiers de table bien stylés, vêtus de kaftans brodés de fils d'or, vinrent faire le service.

Mais le pauvre Farid n'avait pas prévu tous ces cousins qui, pour rien au monde, n'auraient manqué un mariage ou un enterrement et qui se firent inviter avec une irrésistible bonhomie. Tous ces paysans qui semblaient avoir été façonnés sur le tour du potier Khnoum avec la boue du Nil, défilèrent devant la grand-mère turque. Puis, comme pour mieux marquer le contraste, ils se groupèrent au centre du grand salon, riant haut et fort, interpellant un officier de table pour qu'il leur fît apporter un narghileh...

Peu de femmes de la famille de Farid assistaient à la fête, rien que sa mère et sa belle-sœur qui faisaient face, dans le grand salon, à la grand-mère turque, l'une et l'autre enveloppées de leurs voiles noirs, protégeant dans leurs jupes Chafik et Rawheya.

Pauvre Farid ! Partagé ce jour-là entre l'envie de rire haut et gras avec ses cousins venus de la terre, et le souci de bien se comporter devant toutes ces poitrines chamarrées de médailles, il était aussi incapable de bien jouer l'un ou l'autre de ses deux rôles !

Son beau-père, Souka pacha, et ce beau-frère que Farida appelait avec tendresse *Aneshta* essayèrent d'engager la conversation avec cette famille d'*effendis* qui contestait leur pouvoir, mais avec laquelle il fallait compter. On discuta du prix de la terre, de la crue du Nil, de la qualité de la récolte. Ils firent de leur mieux. Ils négligèrent même leurs propres invités, par courtoisie envers Farid. Cependant, les cousins de

Kasr-Hour décelèrent un brin de condescendance dans leurs voix et en voulurent à Farid. Le demi-frère, le *'omdeh*, le lui fit remarquer sans détour.

— Tu nous as couverts de honte !

— Tu as noirci nos visages !

— Et pour qui ? Des Turcs, des têtes dures. Et coincés, par-dessus le marché !

— Qu'Allah te pardonne !

Et ils se quittèrent sur un grand éclat de rire :

— A Dieu vat !

La fête, après tout, avait été un succès. Personne ne remarqua l'absence des danseuses du ventre. Farid ne voulait, en aucune façon, que son second mariage ressemblât au premier.

Farida s'attela avec sérieux à sa nouvelle tâche de maîtresse de maison. Pour l'aider à bien faire, Teta lui offrit, au lendemain de sa nuit de noces, un vrai cadeau, Dada Khadiga, l'esclave affranchie dressée par deux générations de femmes. Pas un jour, Dada Khadiga ne manqua de parfumer la maison d'encens et le lit conjugal de roses.

Farida embaucha encore un cuisinier, un officier de table, un repasseur pour les samedis, une lingère pour les lundis. Elle s'assura des services du concierge qui habitait le sous-sol, de la laveuse qui logeait sur la terrasse.

Elle meubla les deux appartements avec patience et soin, pièce après pièce, comme si chaque meuble, chaque ustensile pouvait témoigner de son amour. Le matin, elle supervisait le ménage ; elle s'occupait d'abord de l'appartement où vivait avec elle son mari, puis de celui de Rawheya et de Chafik.

A la pépinière voisine elle achetait ses fleurs : des roses et des glaïeuls, parfois de simples giroflées ou des gueules-de-loup, qu'elle mêlait de feuilles d'asparagus. A l'aube, elle coupait les feuilles fanées, les trempait dans un grand bac d'eau. A midi, elle les arrangeait dans ses vases de cristal ;

alors elle se fardait, s'habillait, attendait le retour de son mari, aussi fraîche qu'une femme oisive.

Farid bey entrait dans cette maison qui étincelait et sentait bon. Il s'asseyait avec joie à la table de style anglais couverte d'argenterie turque. Il découvrait les secrets de la cuisine de son épouse : le poulet à la circassienne accompagné d'une sauce aux noix pilées ; le *borek*, fine pâte feuilletée fourrée de fromage *ricotta* ; les traditionnels plats paysans, la *molokheya* par exemple, cette soupe de *corette* aussi vieille que l'Egypte, assaisonnée d'ail et de coriandre rôtis ; elle l'accommodait avec un fumet de poisson dans lequel elle pochait un bar. Farid n'a jamais goûté aussi bonne *molokheya*, ni bar aussi frais, aussi joliment garni !

Il appréciait aussi les bouquets de Farida et les pétales de roses semés par Dada Khadiga sur le lit conjugal. Ebloui, émerveillé, il n'en revenait pas d'être le maître de cette luxueuse maison qui mêlait à l'élégance occidentale les raffinements de la vieille Turquie.

Les premiers temps, il ne pouvait croire au bonheur d'avoir une épouse aussi parfaite, fidèle de surcroît.

Il avait été trompé une fois et sa défiance restait. Soupçonneux, il enquêtait. Que faisait-elle de sa journée ? Il flairait le piège. Voyait-il un mégot de cigarette dans le cendrier, il pâlissait. Il se demandait si Farida n'avait pas reçu de visite. Elle fit d'abord semblant de ne rien comprendre. Et lui s'efforça de chasser les ombres. Mais le souvenir de sa première épouse devenait lancinant. Il eut beau se dire qu'il était fou de gâcher ainsi son mariage, les soupçons le harcelaient, comme les mouches et les moustiques l'été.

La vieille blessure au cœur de son époux, Farida voulait la guérir, exorciser ce passé dont elle était jalouse. Elle décida de faire de lui un homme neuf que ne connaissait pas la femme adultère. Elle se passionna pour ses rêves : elle soigna ses papyrus, l'encouragea dans son projet de faire revivre la littérature antique ; elle en parlait comme d'une entreprise hardie qui ferait de son mari un grand homme, plus grand que son père et ses frères. Elle corrigea ce qu'il y avait encore de paysan en lui, admira un certain rire, un geste galant qu'il répétait alors. Pour lui, elle exigea le meilleur tailleur de la ville. Il se plut à s'habiller à la mode du palais. Elle lui suggéra de laisser pousser sa moustache. Elle en prit le plus grand soin. Elle la brossa, la retroussa, la mordilla du bout des lèvres, l'incita à la tailler en croc, comme celle des pachas turcs. Petit à petit, il changea de peau. Pour tous, Farid était non seulement savant, mais encore beau, grand. Il renaissait, transfiguré. On aurait dit une réplique des seigneurs de l'empire ottoman, un vrai pacha turc ! Et lui se sentait bien dans ce nouveau cocon familial composé des frères, des sœurs, des tantes, des oncles de Farida.

Pourtant, les soupçons l'assaillaient toujours ; il se souvenait de l'épouse adultère. Farida ne pouvait s'empêcher d'être coquette et de plaire. Lui en devenait ombrageux ou agressif.

Un jour, elle décida de se fâcher. Elle avait envie de vivre et d'être heureuse. Il l'insultait avec ce manque de confiance, ce mépris de la femme de petite vertu. Etait-ce pour en arriver là qu'elle se donnait tant de peine !

Les grandes scènes de jalousie passèrent comme autant d'orages sur leur vie. Mais il faut le dire à la décharge de Farid bey : après chaque dispute, il venait s'excuser avec un bouquet de fleurs, des billets de cinéma ou d'opéra, un projet de voyage en Europe. Il lui embrassait les mains ; il l'assurait de son amour ; il disait qu'elle était le pilier de la famille, qu'il ne pouvait se passer d'elle...

Parfois, pour Farida, la colère cédait la place au rire, rarement au bonheur. L'ombre de la femme adultère ne pesait pas seulement sur son mari, mais encore sur les deux enfants du premier mariage.

Pourtant, Farida s'efforçait de bien faire.

Dès le lendemain de sa nuit de noces, elle essaya de guérir Rawheya. Un œil était récupérable, mais l'autre était atteint d'une ophtalmie purulente.

Tous les jours, durant sa première grossesse, elle emmena sa belle-fille chez l'oculiste. En vain. Une cicatrice se formait sur le cristallin gauche, condamné, aveugle ; une tache opaque recouvrant d'un voile un regard caché, énigmatique, inquiétant à cause de l'autre cornée, striée de reflets lumineux.

Farida maudissait l'ignorance de la vieille paysanne. Par chance, elle était arrivée à temps pour empêcher sa belle-mère de faire exciser la petite fille ! Farida avait été soignée par des médecins étrangers, venus de France et d'Angleterre. Elle savait, elle, que ces pratiques sont une véritable mutilation.

Mais Rawheya ne lui en était aucunement reconnaissante.

Pauvre Farida ! Il pesait sur elle, il lui faisait peur, il lui glaçait le cœur, ce regard de petite fille qui devinait le malheur de sa mère, la femme adultère, et rêvait à sa tendresse perdue et détestait l'autre épouse, l'intruse. Elle fixait Farida de cet œil semblable à celui d'un chat à l'ombre d'un soleil. Et cet œil sans lumière, cette cicatrice qui témoignait d'une ancienne blessure devenait pour Farida un véritable cauchemar. Il lui semblait y voir un mélange de passion contenue et d'aigreur déclarée.

Rawheya n'était jamais tendre pour sa belle-mère. Elle l'appelait Toi, parlait d'Elle, car lui donner un nom aurait déjà été un signe d'affection.

Quant à Chafik, il ne rendait pas la vie plus facile à Farida. Il se comportait comme le dernier des voyous, faisait l'école buissonnière, sautait sur les marchepieds des trams, insultait, jurait, se battait.

Farida se sentait très mal dans sa peau de marâtre.

Dans les larmes, la douleur et les rires, Farida donna naissance à deux jumeaux, Moheb, puis Rawya, le garçon plus âgé que la fille de près d'une heure. On ne pouvait souhaiter mieux. Le garçon consoliderait la place de la mère dans la société et dans le cœur de son mari, la fille réaliserait tout ce qu'elle n'avait pu faire.

Car Farida nourrissait beaucoup d'ambition pour Rawya. Elle se promettait de lui assurer la meilleure éducation possible et surtout de ne pas se comporter comme sa belle-mère, ignorante et folle. Il n'était pas question de préférer le garçon !

OM'ABDOU,
LA FILLE DU COIFFEUR D'ÂNES

Quand Farid bey construisit une tombe pour son père, près de la mosquée de l'imam El-Shafe'i, il fit venir de Kasr-Hour le coiffeur d'ânes pour en être le gardien.

Il l'aimait bien, ce coiffeur d'ânes qui mourait d'envie de s'en aller à la conquête de la capitale. Petit, il ne se lassait pas de le regarder couper de ses grands ciseaux les poils trop longs qui, disait-on, dévoraient les forces de la bête, et un bout de queue, et un bout de crinière ! Un coiffeur d'ânes raconte aux enfants toutes sortes d'histoires. Celui-ci ne tarissait pas. Il enchantait Farid.

Deux loges bordaient le jardin intérieur de la maison funéraire. Le coiffeur d'ânes, qui en était à sa deuxième épouse, pouvait y habiter confortablement : une loge pour lui et pour sa femme, une autre pour leurs filles, âgées de neuf et dix ans. Lui et sa famille n'en espéraient pas tant. Dans la capitale, ils échappaient à la promiscuité des bêtes, grosses et petites ; ils verraient le train, le tram, les belles étrangères qui se promenaient au bras des hommes. Et puis, il y avait la sécurité de l'emploi. Farid bey leur donnait trois livres égyptiennes par mois, un bon salaire.

***

La Cité des Morts était alors déserte. On disait que, sur la montagne qui la borde, les loups rôdaient et que les étudiants en médecine y allaient chercher, pour les disséquer, les cadavres des pauvres gens, enterrés sans mausolée ni cippe tombal. Des femmes vêtues de noir hantaient les lieux : de pauvres paysannes enveloppées de leur grand voile de crêpe, portant sur la tête un panier de nourriture, à la main une cruche d'eau, s'en allant nourrir leurs morts comme si rien, en Egypte, n'avait changé depuis le temps du dieu Thot ; et des bourgeoises, couvertes de leur grand manteau noir, roulant carrosse ou voiture, accompagnées de leurs servantes, ne montrant de leurs visages que deux yeux fardés de khôl ; celles-ci arrivaient le jeudi ou le vendredi, restaient deux, trois jours. Car les maisons des morts étaient pourvues d'un salon, de lits, d'armoires, de cuisine ; sous prétexte de préparer aux défunts leurs menus préférés, les recluses du temps des harems échappaient à leur prison familiale et rencontraient leurs amies. Les hommes allaient aussi à la Cité des Morts, mais ils ne faisaient que passer ; le vendredi de préférence, pour aller prier à la mosquée, celle de l'imam El-Shafe'i. Il était vénéré entre tous, l'imam El-Shafe'i. Les paysannes frottaient leurs membres douloureux contre les niches de son mausolée pour qu'il les délivrât de la douleur et de la maladie ; les bourgeoises et les hommes les imitaient. Sur le sommet de sa coupole brillait une barque, à la place du traditionnel croissant de l'islam, celui-là même du dieu des paroles divines et des médecins, le guérisseur Thot. Thot guérissait jusqu'à la mort : il portait au jour le soleil défunt sur son croissant de lune qui se transformait alors en barque funéraire, une barque qui mène à la vie. L'imam ?

La religion de l'Egypte des pharaons et celle de l'islam semblent se confondre dans ce vaste tombeau qu'est la Cité des Morts, étrange endroit nommé aussi Arafa ; on dirait qu'on y fête encore la Renaissance, le jour anniversaire de la naissance de l'imam ou de celle de Mohammed, le Mouled El-Nabi. On achète alors aux enfants des barques en sucre qu'on trouve dans chaque échoppe et sur de nombreux étals improvisés, à côté de ces Fiancées du Prophète, également en sucre...

Dans les loges de concierge de la maison funéraire, sous l'ombre protectrice de l'imam El-Shafe'i, la famille du coiffeur d'ânes vécut comme si elle avait été riche. Elle possédait un jardin intérieur : une propriété pour ainsi dire privée. Farid bey y avait planté des parterres de fleurs, des orangers qui embaumaient au mois de mars, un sycomore, image de la déesse qui donne la vie. A l'ombre du sycomore, les nouveaux venus placèrent une table ronde, basse, et des tabourets pour les jeux et les repas. Quand il faisait trop froid, ils déplaçaient la table et les tabourets au soleil, de l'autre côté de l'arbre. L'épouse s'échinait à laver, à cuisiner, à balayer. Lui, le coiffeur d'ânes devenu gardien, dormait paisiblement et surveillait du coin de l'œil les filles pour les empêcher de sortir ; de temps à autre, il rétablissait l'ordre dans la maison en criant très fort, ou bien en donnant à l'une de ses filles, ou à sa femme, une raclée. Mais quand il était de bonne humeur, il leur racontait des histoires, à l'ombre du sycomore, ou de l'autre côté de l'arbre, au soleil.

On n'imaginait pas qu'un jour, irrité de ne pas avoir d'autre enfant, il répudierait sa deuxième épouse et en prendrait une troisième et que le nombre de ses descendants se multiplierait et s'entasserait dans la loge de la maison funéraire et que la petite table ronde et basse deviendrait trop petite pour la famille.

Om'Abdou était la deuxième enfant du deuxième mariage du gardien improvisé.

On ne lui connaissait pas d'autre nom. Pour les uns, elle était la mère de 'Abdou. Pour les autres, la fille du coiffeur d'ânes. Sa venue au monde ne fut pas fêtée. Au contraire, il planait alors sur le village comme un air de deuil.

— Une fille, passe encore. Mais une deuxième, c'en est trop, disait la rumeur publique.

La mère en était la plus malheureuse. Elle en devenait jalouse de la première épouse répudiée qui s'en trouvait du coup réhabilitée. N'avait-elle pas donné naissance à un garçon, grand et beau, qui savait déjà courir l'aventure ? Une deuxième fille ! La pauvre femme en perdait la face !

Fêtée, Om'Abdou le fut une fois quand, pour ses huit ans, on l'excisa. Il ne s'agissait que de l'ablation de la partie superficielle du clitoris.

— Plus tard, disait la mère, elle ne courra pas les rues comme une chatte en chaleur. Plus tard, son sexe ne ressemblera pas à la verge d'un homme.

Elle déployait le bras, pour donner la mesure d'un phallus d'âne en érection.

Quand à la fête, ce n'en fut pas vraiment une. Bien sûr, il y eut des flûtes, des tambourins, des visites de femmes pour les femmes, d'hommes pour les hommes, quelques flambeaux à la porte de la maison... On donna du sirop de tamarin aux invités, pour les honorer...

Le mariage, quelques années plus tard, fut également bâclé. Il n'était pas question d'aller au village pour une telle occasion. On était venu dans la Cité des Morts pour y rester, comme de bons gardiens fidèles au poste. On donna la fillette au potier du coin qui venait, lui aussi, de Kasr-Hour — un *fellah* attirait vite un autre *fellah* dans la capitale. Un médecin estima que la fiancée était en âge de se marier. Il donna un certificat dûment validé. En dépit de sa poitrine agressive, de son ventre de femme, de l'assurance de son regard, elle n'avait pourtant pas les seize ans réglementaires exigés par les suffragettes en 1923, en même temps que le droit des filles à l'éducation. On sacrifia l'enfant à un homme qui avait du goût pour toutes les femmes et pour l'alcool à bon marché.

Une nuit d'ébriété, il lui fit un fils ; une autre nuit d'ivresse, parce que ce fils dérangeait son sommeil, il la battit et la renvoya avec l'enfant.

— Va chez ta mère, lui dit-il d'une voix tonitruante qui réveilla tout le voisinage, morts et vivants.

Sa mère, elle n'aurait su où la trouver.

Sous un clair de lune qui ne lui permettait pas de cacher sa honte, elle partit en pantoufles et en chemise de nuit, sans même prendre le temps d'attacher son voile ou de s'envelopper dans ce grand drap noir qui fait des femmes du peuple d'éternelles endeuillées. Comment pouvait-elle être respectée comme doit l'être un *haram*, pauvre enceinte qui n'était plus sacrée, que souillaient d'innombrables regards chargés de mépris et de pitié ? !

A l'ombre du sycomore, ou au soleil, de l'autre côté du sycomore, Om'Abdou écartait sa robe noire pour allaiter son enfant. Image d'une déesse déchue. Et la nuit, elle partageait avec lui et avec les nombreux descendants du gardien, la deuxième loge de la maison funéraire.

Farid bey n'avait jamais pensé que tout ce monde habiterait là. Quand il venait rendre visite à son père défunt, il déplorait l'état des lieux. La nouvelle épouse était bien moins propre que la seconde. La marmaille grouillait. C'était un amas répugnant de linge sale, d'enfants aux yeux glaireux — de vrais nids de mouches — d'ordures déposées dans la cour intérieure... Il grondait. Mais on le berçait de promesses, fausses, il le savait. « Le mensonge est le lieu de l'homme », dit-on au village.

Brave homme, il se résignait, car Farid bey demeurait attaché à son coiffeur d'ânes. Il essayait de l'aider. Il plaçait l'aînée des filles du deuxième mariage, si laide qu'on ne pouvait lui trouver d'époux. A Om'Abdou il offrit une petite chambre donnant sur la terrasse d'El-Orman et la fonction de laveuse, payée à la journée.

Om'Abdou ne se fit pas prier. En travaillant, elle allait enfin recouvrer sa dignité, assurer son indépendance.

Elle voulut divorcer. Divorcer ! Ce vilain mot venait

d'Occident ! En fait, Om'Abdou souhaitait que son mari voulût bien la répudier. Car la répudiation est à sens unique. Une épouse ne répudie pas son conjoint. Si elle avait été riche, elle eût stipulé, dans son contrat de mariage, ce droit à la répudiation du mari. Mais elle ne savait même pas que cette institution, appelée 'isma, existait. Farida, qui le savait et qui était riche, n'y songea même pas. On ne fait pas une telle offense à un homme !

Om'Abdou était pauvre, elle se voilait encore le visage comme les femmes de sa condition. Et le potier n'avait aucune envie de la répudier. Il préférait la garder à sa disposition, en user quand il en avait envie. Il ne se fit pas faute de lui rendre visite sur la terrasse de la maison d'El-Orman et de l'engrosser, une deuxième fois, puis une autre, encore une autre... Un mari a tous les droits sur sa femme qui lui doit obéissance. Un mari ne viole jamais sa femme quand il lui fait un enfant contre son gré. Au contraire, elle doit s'estimer flattée d'être désirée. On voit encore ces paysannes fières d'avoir fait l'amour. Elles étalent, comme témoin du désir de l'homme pour elles, leur linge souillé et purifié, pour que la voisine, ou la deuxième épouse, s'il y en a une, en soit jalouse.

Om'Abdou était autrement fière : pour être libre et indépendante, elle lava le linge sale des habitants de l'immeuble d'El-Orman.

L'ÂME DES JUMEAUX ERRE
SOUS SA FORME DE CHAT

Om'Abdou racontait une histoire qu'elle tenait de sa mère qui l'avait héritée d'une obscure lignée d'ancêtres anonymes et dont la véracité lui fut confirmée par son père, le coiffeur d'ânes devenu gardien à la Cité des Morts. Elle disait :

« La nuit, l'âme des jumeaux prend la forme d'un chat et s'en va rôder loin de leur corps. Quand leur âme se transforme en félin, ils s'en vont chez les voisins chercher de la nourriture. La bonne odeur de viande rôtie les attire. »

Comme personne ne la prenait au sérieux, elle chercha des témoins : des paysannes venues, comme elle, de la terre à la ville : l'épouse du boulanger, la marchande d'oranges, la diseuse de bonne aventure, Om el-Kholoul, celle qui voit l'avenir dans les coquillages. Toutes partageaient cette croyance. Par ailleurs, de pieuses femmes, de fidèles musulmanes qui portaient sous leur robe, près du cœur, un verset de Coran, confirmèrent son histoire.

Toutes recommandaient à Mme Farid bey d'être prudente, de protéger l'animal autant que ses propres enfants, pour ne pas trouver sur le corps de l'un d'eux la trace des coups donnés à son âme vagabonde, exposée aux dangers de la terre et à la méchanceté des hommes.

Toutes dirent aux voisins de respecter les chats et de les inviter à manger pour éviter aux jumeaux, à leur réveil, le souvenir de mauvais traitements.

43

Dans le sommeil si proche de la mort, leur âme se libérait donc sous sa forme de chat. Om'Abdou y croyait ferme. Les défunts devenaient bien un souffle, une flamme, un saint, un oiseau. Et la fille du cuisinier mangeait, suivant un certain rituel, une crête de huppe pour donner naissance à un enfant...

Dès leurs premières années, les jumeaux découvrirent les joies de l'escalier de service où passaient les marchands ambulants, la diseuse de bonne aventure, l'éboueur avec sa couffe pleine ou vide, une bruyante domesticité, une meute de chats. La porte de la cuisine restait souvent ouverte. Quand ils entendaient les socques d'Om'Abdou claquer sur les dalles de la terrasse, ils couraient vers elle, d'abord à quatre pattes, puis sur leurs petites jambes. Les jours d'hiver, ils profitaient sur la terrasse du soleil de midi, les nuits de chaleur ils y prenaient le frais. Le reste du temps, ils y venaient pour rien, parce que l'escalier de service leur apparaissait comme une clairière menant vers le ciel.

Dès qu'elle les voyait venir, la laveuse arrêtait de frotter sa lessive. Dada Khadiga lui avait appris à rouler le tabac dans une feuille blanche et à fumer des cigarettes de sa fabrication. En silence, elle soufflait quelques nuages de fumée, pour trouver son inspiration ; puis elle racontait ses histoires.

Elle était belle, Om'Abdou, dans sa robe noire, transparente, qui laissait deviner l'autre, de couleur, bariolée de fleurs ensoleillées. Elle avait gagné assez d'argent pour s'acheter des bijoux : un grand collier de sequins, des pendentifs en forme de croissant de lune ; les bracelets, finement ciselés, paraient son avant-bras, du poignet jusqu'au coude. Tout cet or représentait sa fortune, une assurance contre la misère. Il n'était en sécurité que sur elle, bien plus que dans le coffre d'une banque. Si on avait tenté d'y toucher, la terre entière aurait crié au viol.

Elle brillait, Om'Abdou. A cause des rayons du soleil ou de

la lune, à cause des bulles de savon qui ajoutaient leur éclat à celui du précieux métal.

Lorsque la lune était pleine, elle montrait aux jumeaux les dessins formés par les ombres de l'astre : un palmier, un homme en prière, une bufflonne, qui lui faisaient penser à son village. Elle évoquait le monstre qui menaçait de dévorer les lumières du ciel... Elle l'avait vu, ce monstre, quand elle n'était qu'une fillette. Tout le village se rassembla, frappa sur des marmites et des cuves en cuivre pour provoquer un bruit semblable au tonnerre qui chasserait le monstre. Au Caire, on prétendit qu'il s'agissait d'une éclipse, mais elle savait, de source certaine, que c'était un monstre, puisqu'elle l'avait vu, de ses yeux vu. Et elle le décrivait, semblable à un *ghool* qui dévore les enfants. Ces gens qui se croient savants et ne comprennent jamais rien !

Om'Abdou, sur sa terrasse, ressemblait à une puissante gardienne. Si le monstre du Mal, l'ennemi de la Lumière, venait à menacer le Soleil ou la Lune, elle ferait à elle seule, avec ses cuves, un tintamarre infernal. Elle l'obligerait à fuir. Ou bien elle produirait un son si harmonieux qu'elle le séduirait et le transformerait, tout simplement, en ami de la Lumière !

Om'Abdou regardait les chats qui ronronnaient au soleil et faisaient l'amour au clair de lune. Elle se disait que l'âme des jumeaux leur ressemblait.

Les jumeaux grandirent. Ils réfléchirent beaucoup à cette énigme. Ils ne parvenaient pas à bien saisir ce qu'était une âme. Ils se demandaient si elle pouvait mourir. Ou renaître. Et combien de fois. Si elle attendait bien sagement le jugement dernier et quelles relations elle entretenait avec le corps. Om'Abdou prétendait que les chats avaient jusqu'à sept âmes. Les difficultés semblaient se multiplier par sept...

Ils ne comprenaient pas. Plus ils réfléchissaient, plus le mystère s'épaississait. Aucun adulte ne pouvait donner de réponses à leurs questions. Au contraire, ils les troublaient davantage.

Lorsque le prêtre des voisins baptisa un nouveau-né, il scella d'un signe de croix trente-six ouvertures de son corps pour empêcher le diable d'y pénétrer. Et le marchand de cacahuètes leur dit, en les voyant bâiller, de mettre la main devant la bouche pour que le diable ne trouvât pas un passage grand ouvert.

Une âme, sous sa forme de chat, ne pouvait être un démon. Les chats ont des yeux qui ressemblent à la lune. Ils captent les lumières dans l'obscurité. Ce pouvoir dépasse celui des hommes. Il appartient aux anges.

Mais le corps des jumeaux était trop petit pour contenir un chat et un démon. Alors, ils renonçaient à comprendre.

Mme Farid bey n'approuvait pas cette manière qu'avait Om'Abdou de raconter des sornettes. Elle avait toujours été une bonne musulmane, effaçant de sa foi toute trace de superstition païenne.

Pourtant, elle prêtait parfois l'oreille aux histoires d'Om 'Abdou, ce qu'elle n'aurait jamais avoué. Elle disait que c'était pour ne pas l'offenser qu'il fallait la croire, à moitié. En fait, il n'y avait ni monde souterrain ni âmes errantes et ses enfants ne vagabondaient pas la nuit sous leur forme de chat.

Un jour, les jumeaux se querellaient au sujet de la manière dont naissent les enfants. Les achète-t-on au marché ? Surgissent-ils d'un baiser ? Une révélation mit le feu aux poudres. Les enfants pouvaient pousser dans le ventre de Rawya, mais non pas dans celui de Moheb. Moheb cria, pleura, se calma, puis recommença de plus belle. Comment Rawya pouvait-elle avoir ce privilège ?

Pour le soir, on avait organisé une expédition en felouques, au clair de lune. Un certain nombre de familles alliées par l'amitié ou par le mariage devaient y participer avec leurs enfants. Les domestiques, portant sur la tête des paniers d'osier pleins de vaisselle, de bouteilles et de marmites odoriférantes, faisaient partie de la fête.

Moheb était fatigué d'avoir trop pleuré. Le bon dîner de feuilles de vigne farcies et de poisson d'eau douce n'avait pas amélioré son humeur boudeuse. Les vapeurs d'arak, cet alcool de dattes qui, allongé d'eau, a la couleur d'une purge de magnésie, lui donnait la nausée. Le monde n'était décidément pas à son goût. Il préféra dormir. Tandis que Rawya, victorieuse, émerveillée par les étoiles d'argent que la lune jetait sur l'eau, chantait, riait et se gavait de friandises.

Ce fut alors qu'on vit le chat. Noir, avec une drôle de tache blanche sur la tête. On aurait dit que l'un de ses yeux était dans l'obscurité et que l'autre captait la lumière de la lune. Om'Abdou en fut affolée. Elle soupçonna que c'était l'âme de Moheb endormi, une âme en peine, triste et qui allait droit vers Rawya, pour lui chercher querelle. Mme Farid bey essaya de lui faire entendre raison, mais en vain. Om'Abdou interdit que l'on parlât trop fort. Moheb ne devait en aucune façon se réveiller. Elle marmonna des prières, des considérations morales et métaphysiques...

Et Rawya qui taquinait le chat ! Elle allait rendre Om'Abdou folle. N'avait-elle pas vu le diable lui-même dans les yeux de son frère ? Il fallut gronder Om'Abdou pour la faire taire. Voulait-elle attirer le diable à force d'en parler ? Om'Abdou invoqua encore une fois la baraka d'Allah et se tut. Assise à l'arrière de la felouque, elle enfonça un pli de son voile noir dans la bouche et se tut.

Rawya taquina le chat avec son reste de poisson. Le chat bondit, la mordit au pied, puis à la tempe gauche, près de l'œil. Il y eut des cris, des larmes. Le chat prit peur, disparut. Moheb se réveilla. Om'Abdou, qui se sentait soulagée de le voir récupérer son âme, prit plaisir à le gronder. Quelle idée de s'emporter ainsi ! Parce que les enfants ne pousseraient pas dans son ventre ? Il leur fallait donc tout, à ces petits garçons ? Même les douleurs de l'enfantement ? Qu'il laisse donc aux femmes leurs misères !...

Aucun doute. Pour Om'Abdou, Moheb et le félin ne faisaient qu'un.

— La preuve, disait-elle triomphante, et elle confondait ses interlocuteurs. Personne n'a vu cet étrange chat après le réveil de Moheb.

— Et quand le médecin a exigé qu'on le retrouve pour l'ausculter, aucune trace. Le batelier n'avait pas de chat. Bien sûr, un chat pouvait toujours se faufiler sur une felouque. Mais ce soir-là, il n'y avait que l'âme des jumeaux !

Même Farida était troublée.

Rawya se remit bien de l'incident. Par pure précaution, on la vaccina contre la rage. De douloureuses piqûres. Mais qu'importe. Elle était en bonne santé. Un bonbon la consolait.

Moheb ne l'enviait plus. Les enfants pouvaient pousser dans le ventre de sa sœur. C'était bien mieux d'être un garçon : toutes les femmes de la maison ne cessaient de le lui répéter.

Personne ne se souvenait assez bien du chat pour tenir tête à Om'Abdou. Farida ne pouvait pourtant pas la prendre au sérieux. Mais le doute taquinait sa raison. Elle prêta une oreille, une seule, aux conseils de la laveuse. Elle veilla sur le sommeil de ses enfants. Ils pouvaient se réveiller au milieu de la nuit, subitement privés d'âme ! L'été, elle ne ferma plus vitres ni persiennes ; les félins devaient avoir la liberté de revenir et de ranimer les jumeaux. Pour l'hiver, elle fit ouvrir une chatière dans la porte d'entrée.

Farida croyait au mauvais œil. Sa sœur, ses tantes, sa mère et même ses frères, ses oncles et son père vivaient avec la hantise du mauvais œil... Pour eux, une personne pouvait porter bonheur, une autre malheur ; alors suivant que l'on voyait l'une ou l'autre en même temps qu'un nouveau croissant, le mois lunaire s'annonçait bénéfique ou menaçant. Et si une robe se déchirait soudain, c'était la faute de cette femme envieuse qui aurait souhaité la porter. On ne l'invitait plus, et quand on la croisait dans la rue, vite, on marmonnait une formule magique qui devait conjurer le sort ; on « crevait » secrètement le mauvais œil, en tendant les doigts de la main et disant tout bas :

— Cinq, petit cinq dans l'œil de l'envieux.

Les chrétiens se signaient trois fois.

Pour Farida, le mauvais œil — elle l'avait appris dans son enfance — n'était qu'une manifestation du diable, et le diable était partout. Il dictait l'inconduite du grand frère, il habitait le regard borgne de Rawheya. Il n'y avait que Dieu à opposer au mauvais œil. Farida n'entreprenait donc jamais rien sans invoquer Allah.

— Au nom d'Allah, le Très Grand, le Miséricordieux, disait-elle.

La baraka d'Allah, cette grâce diffuse que l'on peut trouver dans un regard, un objet, une parole, protège du Malin, capable de revêtir mille formes.

Farida était pieuse. Toujours elle portait au cou, en pendentif, une main de Fatma sertie de turquoises, ou des versets de Coran enfermés dans une minuscule reproduction du Livre ornée de diamants. Mais sa bonne volonté ne la protégeait pas assez du mauvais œil... celui de sa belle-fille...

Sa peur augmentait. Son sommeil devint fragile. Une rixe de chats dans l'escalier de service l'éveillait en sursaut, terrifiée. Elle craignait que ce ne fût l'âme errante de son enfant, une âme en danger, agressée, incapable de revenir. Son cœur se serrait, elle en perdait la raison.

Et petit à petit, sans en avoir conscience, elle protégea surtout le sommeil du garçon. Il lui semblait que cet enfant avait pauvre appétit, que son âme errante avait goûté à des nourritures avariées.

Il aurait fallu expliquer à la sœur jumelle l'importance du garçon. Des fils, Farida aurait dû en avoir plusieurs pour imposer le respect, assurer l'amour de son mari, justifier à ses propres yeux son existence. Dieu ne voulait pas lui en donner un deuxième, alors elle veillait sur Moheb.

Mme Farid bey, tout en admirant les suffragettes, ne sut pas échapper aux contraintes de la société. Son étoile brillait parce qu'elle avait un fils. Elle en était pleine d'orgueil. Et puis, les garçons sont de santé tellement plus délicate que les filles ! Elle ne pouvait oublier le regard borgne de Rawheya qui menaçait.

Pourtant, quand les jumeaux demandaient à Farida :
— Lequel de nous deux préfères-tu ?
Elle répondait :
— Vous voulez savoir auquel de mes dix doigts je tiens le plus ? Je les aime tous !
Il fallait la croire, pour ne pas lui faire de la peine.

UNE CHATTE : MU'EZZA

.

Rawheya n'avait pas, avec les jumeaux, cette attitude agressive qu'elle réservait à sa belle-mère. Au contraire, avec eux, elle se transformait en ange gardien. Lorsqu'ils étaient bébés, elle les porta, les consola ; elle surveilla leurs premiers pas, et quand ils grandirent, elle chercha à les séduire, avec toutes les ressources de son imagination. Elle leur jouait de la flûte, elle leur lisait des contes fantastiques et son visage s'animait. Eux étaient fascinés par son regard borgne, son étrange solitude. Ils pensaient que c'était l'œil aveugle qui déchiffrait une musique, un texte intérieur, un passé vécu avec sa mère, dans un monde merveilleux où la différence n'existait plus entre l'homme, l'animal et la plante.

Certains la regardaient avec pitié à cause de l'œil mort ou du souvenir de la femme adultère. Elle, pourtant, imaginait qu'on la jalousait. Tous les enfants de Haute et de Basse Egypte lui enviaient sa belle maison si proche du jardin zoologique. Eux ne connaissaient pas les histoires que sa vraie mère lui avait racontées quand elles erraient ensemble, déguisées en paysannes. Ils ne savaient rien du glorieux passé du bélier, du babouin, des chats sauvages. Rawheya hochait la tête en pensant à l'ignorance dans laquelle on tient les peuples. Mais aux jumeaux, elle disait tout. Et elle les emmenait dans son royaume jouer avec ses vieux amis. Elle leur apprenait qu'il fallait nourrir les phoques de poissons, les lamas de carottes, les dromadaires de maïs, les gorilles de cacahuètes, les fauves de chair fraîche. Elle les initiait au langage des oies et des canards et des cygnes noirs qui semblaient répondre aux hurlements des loups et des renards, aux rugissements des tigres et des lions. Elle les emmenait pique-niquer dans les buissons de papyrus, sous les tonnelles faites de branches de palmiers et leur racontait que les bêtes sont supérieures aux hommes. Aucun humain n'aurait pu égaler le flair du chacal, l'agilité du singe, le regard perçant du faucon ou du lynx. Les jumeaux regardaient les animaux prisonniers des grilles du zoo et se révoltaient contre les hommes.

Des bêtes, Rawheya en façonnait encore avec de la glaise ou de la pâte à modeler. Il y en avait plein sa chambre. Pour les jumeaux, rien que pour les jumeaux, elle les animait. Il y avait le chat, le babouin, le lion, le crocodile, et un pou, minuscule résidu de glaise qu'elle avait jeté dans une cruche. Rawheya aimait ce pou, parce qu'il lui rappelait la belle légende de la princesse Dalal ; il la faisait rêver d'amour. Rawheya disait aux jumeaux :

— Un jour, il deviendra aussi gros qu'un bœuf ; il brisera la cruche pour annoncer à mon père que moi, Rawheya, j'ai atteint l'âge de me marier. Alors, je renverserai les murs de la maison et je m'en irai vers un homme différent des autres, un prince charmant !

Et elle partait vers les nuages et le ciel bleu, sur un tapis volant. Rawheya les enchantait. C'était dommage que Farida ne pût voir la lumière de son regard borgne.

Des chats, il y en avait beaucoup dans l'escalier de service et sur la terrasse d'Om'Abdou. Ils étaient protégés et nourris par les habitants de la maison, chrétiens et musulmans : de pieuses gens. On les connaissait tous, comme autant de personnages importants. Plus encore, on les aimait, sans doute à cause des histoires d'Om'Abdou qu'on se répétait. A cause aussi du charme des jumeaux. Tous deux étaient beaux, espiègles, et attachants.

Dans la ville du Caire, le bruit courait que les chats du quartier d'El-Orman étaient privilégiés.

Puis un jour arriva une voiture de ramassage qui avait pour mission d'empoisonner les animaux errants. Le beau quartier d'El-Orman porta le deuil, les jumeaux étaient inconsolables. Ce fut en ces pénibles circonstances que Mme Farid bey décida d'adopter une petite bête abandonnée au fond d'une poubelle vide de l'escalier de service : un bidon de tôle qui sentait le fromage de lait de gamousse. On l'appela Mu'ezza, en souvenir de la chatte préférée du Prophète.

Les jumeaux espéraient qu'en la regardant vivre, puis mourir, ils comprendraient mieux leur âme. Leur grande sœur Rawheya leur expliquerait tout.

*
**

Mu'ezza fut, chez les Farid, un lien d'amitié, une source de joie, de tendresse, de rires. Si les jumeaux voulaient se disputer, on leur montrait Mu'ezza. Aussitôt, leurs regards s'adoucissaient, leurs mains se croisaient sur sa fourrure, leurs sourires se parlaient. Rawheya et son frère cherchaient-ils à se quereller avec leur belle-mère ? Mu'ezza se mettait sur leur chemin, se roulait sur le dos, quémandait une caresse...

Mu'ezza était tellement belle ! Rousse, le cou mince, les pattes longues, effilées, les articulations fragiles, une tête menue qui ressemblait à celle d'un lévrier, deux grands yeux qui avaient l'air de tout comprendre, jusqu'aux secrets du regard borgne de Rawheya.

On l'admirait, on riait d'elle quand elle bâillait, quand elle partait en course folle après sa queue, quand, pour se lécher, elle prenait des poses d'acrobate. On prenait le thé en jouant avec Mu'ezza, on s'habillait en jouant avec Mu'ezza. Quand Farid bey se rasait, il ne manquait pas de la parfumer. La demi-sœur, le demi-frère passaient la saluer avant d'aller à l'école ou à l'université et elle les accompagnait jusqu'à la porte d'entrée. Ensuite elle traversait la rue, se roulait dans les fleurs de la pépinière voisine, rentrait sagement à la maison.

Grâce à Mu'ezza, Farida n'était plus seule après les grands départs du matin. Mu'ezza sentait bon les roses du jardin ou le parfum de son mari. Elle la regardait jouer avec un rayon de soleil, une boulette de pain, un crayon, un sous-verre, patiner, glisser sous les meubles, s'enrouler dans les cravates de Farid bey, s'accrocher avec ses petites griffes à sa robe, surveiller les odeurs de la cuisine, renifler le panier du cuisinier de retour du marché ; perchée sur l'épaule de sa maîtresse, comme un faucon sur un fauconnier, elle lui mordillait le cou, les joues, les oreilles puis marquait de ses empreintes digitales le grand cahier couvert de lettres et de chiffres. On aurait dit qu'elle approuvait le prix des viandes, des fruits, des légumes, de mille autres denrées appétissantes.

Mu'ezza perchée sur Farida, masque de félin sur un corps de femme, évoquait l'image de l'antique Bastet, la déesse qui s'était faite chatte pour dire la Joie.

Un filet placé entre les rideaux et les vitres des fenêtres protégeait la maison des mouches. L'une d'elles avait pourtant pu passer. Elle bourdonnait dans le salon d'été. Mu'ezza la regarda voler, fascinée. Sa tête suivait les mouvements de l'insecte avec une précision de métronome accéléré ; d'un coup sec, elle abattit une patte, puis l'autre, captura sa proie, la roula par terre, la dévora.

Puis elle recommença à chasser : une écorce de pistache, une grosse guêpe, un papillon. Puis elle attrapa une souris. Elle aurait pu en faire hommage à sa maîtresse en la déposant sur un coussin, mais elle préféra la cacher sous le lit. Il y eut, quelques jours, des bouffées de mauvaises odeurs. Un matin, on trouva la souris décomposée. La chatte s'attendait à des caresses. Elle ne comprenait pas les cris d'horreur.

Une autre fois, Mu'ezza chassait encore une souris qui

s'était réfugiée sous un divan. Mu'ezza la poursuivit, la saisit dans ses griffes. Un filet de sang coula sur le parquet. On entendait le halètement de la chatte absorbée par sa besogne, le cri de la petite bête traquée, le bruit des mâchoires de Mu'ezza !

La même scène se répétait chaque jour. Les jumeaux avaient besoin d'entendre justifier les chasses de Mu'ezza. Leur père se lança dans un long discours sur les lois de la nature et l'équilibre universel.

Mais quand Mu'ezza dévora deux oiselets tombés du nid, quand elle arriva croquant une huppe qui battait encore de l'aile, elle perdit les faveurs des jumeaux. Pour eux, la belle Mu'ezza, la gardienne des greniers, la protectrice de la maison n'était plus qu'une cruelle sorcière.

Alors Farid bey leur montra les images de l'ancienne Egypte qui représentaient le Grand Chat : assis près de l'arbre perséa, l'arbre de vie dont les innombrables feuilles ressemblent à des langues et les fruits à des cœurs, il tuait le serpent du mal et des ténèbres. Certes il pouvait voir clair dans l'obscurité et reconnaître le serpent du mal et des ténèbres. Mais encore devait-il le tuer pour assurer le triomphe de la Lumière.

Mu'ezza rentra en grâce. Les enfants croyaient découvrir des sources de sagesse insoupçonnées. Ils se gonflaient d'orgueil. Puisqu'ils avaient une âme capable de prendre la forme d'un chat, ils devaient voir plus clair que le reste des mortels et faire triompher la Lumière.

Moheb décida qu'il apprendrait à chasser pour tuer, lui aussi, le mal, ne serait-ce que pour en délivrer sa mère. Il fit, à l'occasion, l'école buissonnière. Il emprunta de l'argent à Dada Khadiga, s'acheta une fronde, s'appliqua à imiter les gamins de la ville ; il tira sur les moineaux, ces oiseaux qu'on aime manger, marinés et grillés sur un feu de charbon de bois. Fier de son butin, Moheb vint l'apporter à sa mère.

Celle-ci n'imaginait pas que son fils pût être aussi cruel. Dans la maison, les cris d'horreur se multiplièrent ; ils formaient des chœurs dissonants. Moheb agissait comme « les enfants des rues », comme les « chats », comme les « démons ». Sa sœur jumelle prit un petit air dégoûté.

La grande sœur Rawheya riait aux éclats. Après tout, on engraissait l'agneau pour la Fête du Sacrifice ; on mangeait le coq qui annonce le lever du soleil et les oies qui caquètent quand elles pondent un œuf, aussi fières qu'un créateur.

Rawheya avait sans doute raison. On ne parla plus d'« enfants des rues », de « chats » ou de « démons ». On s'habitua même à trouver, dans la maison, un minuscule cadavre, des pattes de souris, des ailes d'oiseau. Quant à Moheb, il se lassa vite de sa fronde.

Un jour, Farid bey lui-même se fâcha contre Mu'ezza. La chatte venait de croquer les ombelles et les jeunes pousses de ses papyrus. Il faillit chasser Mu'ezza, comme il avait chassé sa première épouse. Alors les jumeaux prirent leur père pour un méchant homme. D'ailleurs, Farid bey l'avait dit lui-même : le papyrus était le sceptre de vie de la déesse. Il devait donc l'offrir à Mu'ezza.

Farid bey essaya de protéger ses plantes en les enfermant. Mais Mu'ezza trouvait toujours, à une heure ou à une autre de la journée, une porte ouverte. Et de nouveau, elle se gavait de papyrus...

Farid bey n'osa plus rien dire. Il décida de se résigner. Il cultiverait les papyrus plus tard, lorsqu'il serait à la retraite. En attendant, pour se consoler, il chercherait un terrain propice, une île entourée d'eau qui pourrait devenir un marais de papyrus, comme dans l'antique Egypte.

Avec Mu'ezza, on était désarmé.

Cependant, les jumeaux ne cessaient de s'interroger sur la moralité des chats et sur la nature de leur âme. Etait-elle bonne ou mauvaise ?

Quand ils jouaient à se déguiser avec les robes et les fourrures de leur mère, ils imitaient tantôt la Déesse ou le Grand Félin chargeant les Ennemis du Soleil, tantôt deux chats accusés de sorcellerie, brûlés sur un bûcher.

Parfois, ils demandaient à Mu'ezza elle-même de trancher la question. Ses yeux étaient pour eux comme la boule de cristal des voyantes. Leur interprétation des signes n'était jamais la même. Ils se querellaient. Le ton montait, puis l'orage passait. Ils se regardaient avec d'autres yeux. Paisibles, ils se lovaient autour de Mu'ezza, leur petite mère-chatte. Ils respiraient ses parfums, mélange de rose, de tagette, de viande grillée, de poisson frit ou de lavande. Ils caressaient sa belle fourrure lumineuse. Ils frottaient leurs joues contre ses moustaches.

Mu'ezza fit beaucoup réfléchir les jumeaux qui en vinrent à se poser cette question : pourquoi n'y aurait-il pas une place pour le Mal au Paradis ? Et comme d'habitude, ils consultèrent leur grande sœur. Rawheya pensa à sa mère, la femme adultère. Elle se tut. Elle ne voulait pas raviver sa blessure... Les jumeaux interrogèrent leur père. Farid bey répondit, perplexe :

— On voit bien dans le livre d'images des anciens Egyptiens le monstre de l'obscurité tirer le Soleil défunt sur sa barque et mener l'astre des Ténèbres vers la Lumière !

Cette réponse ne satisfit pas les jumeaux. Ils continuèrent à se poser la question du Mal.

Le Mal, hélas, le Mal aux mille déguisements, on leur apprit qu'il habitait aussi les jeux de l'amour.

LE VIZIR ET LE SAC DE RATS

Les jumeaux changèrent beaucoup durant leurs années d'enfance et devinrent très différents l'un de l'autre.

Rawya se rapprocha de Rawheya : elle aimait observer les insectes, un ver de terre, une colonie de fourmis, des grenouilles dans un étang ; elle ne se lassait pas d'écouter les contes de Rawheya qui savait métamorphoser bêtes et plantes. Rawheya lui prêta ses romans préférés. Pour les huit ans de la petite fille, elle lui offrit *Le Bon Petit Diable* de la comtesse de Ségur. On ne la voyait plus sans un livre. Elle en lisait un, deux, trois par jour. Elle se passionnait pour le merveilleux. Sa mère ne contrôlait plus ses heures de sommeil. Elle veillait tard dans la nuit, jusqu'à l'aube. Elle se levait les yeux gonflés de larmes ou bien en riant encore, toute seule. A l'école, elle continuait de lire, le livre caché sous son pupitre ; se faisait punir, récidivait. Dans la rue, elle lisait en marchant. Parfois, elle se cognait contre un mur, un réverbère, insultait le mur ou le réverbère et continuait son chemin, lisant.

Moheb, lui, se prenait de passions aussi diverses qu'excessives. Ce fut le yo-yo — il pouvait, avec son jouet, simuler la cataracte du Nil, le saut du mur, la promenade du chien, le tour du monde, le chant de l'hirondelle, le sifflement du serpent... Puis ce fut le patin à roulettes. A la patinoire, il virevoltait d'avant en arrière, faisait la course avec d'autres gamins, patinait sur un seul pied. Dans la rue, il s'élançait

entre les ânes et les voitures, manquant de renverser le
commis boulanger qui portait, en équilibre sur la tête, un
grand plateau plein de pains. Il s'enthousiasma pour la
bicyclette. Il voulait en avoir une neuve et il en parlait jour et
nuit, même pendant les repas. Il lui fallait un vrai vélo de
course à quatre vitesses. Il affectait la dégaine d'un coureur
cycliste, dos courbé, mains tendues sur un guidon imaginaire.
Il ne sifflait plus. Il disait : dlinn ! dlinn !

Puis Moheb ne pensa plus qu'aux filles. Alors il se
rapprocha de son demi-frère Chafik. Chafik qui sentait si bon
le tabac et qui plaisait aux femmes. Chafik si beau, si
charmeur...

Un jour, plus tard, il eut encore envie de faire fortune...

Avec des caractères aussi différents, les jumeaux se
querellaient sans arrêt. Un rien suffisait à déclencher la
dispute. Om'Abdou, la laveuse, prétendait entendre de la
terrasse leurs cris et Farida disait qu'ils finiraient bien un jour
par attirer sur eux le malheur. Quand elles voyaient sur une
table des ciseaux laissés ouverts, un présage de querelle, elles
annonçaient comme une fatalité...

— Voilà, disaient-elles, ils vont encore se disputer.
Elles n'avaient jamais tort.

Pour calmer les jumeaux, on les taquinait. On leur
rappelait les fraises des jours de fête que Rawya mangeait trop
lentement, ce qui mettait Moheb au supplice. Et le cœur de
poulet chipé dans l'assiette de la sœur jumelle qui hurlait :
« Moheb a volé mon cœur ! » Et les enfants qui ne poussaient
pas dans le ventre des garçons...

Pour obtenir la paix entre les jumeaux, Farid leur racontait
la fable du vizir et du sac de rats.

— Un sultan cherchait un vizir, disait-il. Il le fit savoir à ses sujets. Un crieur public diffusa dans les rues de l'empire la parole du sultan : « Quiconque saura porter un sac de rats de Basra à Bagdad sera mon vizir. » La tâche semblait facile. Chacun tenta sa chance. Mais le sac était de jute ; les rats le rongeaient et prenaient la clé des champs. Un seul homme réussit à porter le sac de rats jusqu'à Bagdad. « Tu seras mon vizir, promit le sultan. Mais raconte-moi d'abord comment tu t'y es pris. » « Facile, répondit l'homme. Aussitôt parti, j'ai secoué vigoureusement le sac. Les rongeurs enfermés dans le noir se sont affolés, querellés, puis entre-dévorés. Après un bout de chemin, j'ai senti le calme revenir. J'ai deviné qu'ils s'organisaient pour trouver une issue. Alors j'ai secoué à nouveau le sac. Les luttes ont repris de plus belle. Moi, j'ai pressé le pas. Et j'ai recommencé toutes les fois que c'était nécessaire. »

Farid prétendait que le démon, sous ses mille déguisements, pouvait enfermer les enfants, les hommes, les peuples dans un sac de jute. Mais qu'eux, les jumeaux, avaient un privilège. Avec leur âme de chat, ils étaient capables de voir dans l'obscurité, voir plus clair que le reste des mortels. Alors ils se prenaient au sérieux et faisaient la paix.

LES FUGUES D'UNE CHATTE

Rawya et Rawheya se ressemblaient : un visage menu, au menton pointu, comme un triangle avec de gracieuses courbes, deux grands yeux taillés en amande, et une lumière surgie de la pupille, bleue, tachetée de jaune.

L'une et l'autre rappelaient étrangement la femme adultère, excepté pour les yeux qui n'étaient pas comme ceux de Zakeya, de déesse vache, mais de déesse chatte, à cause de leurs variations lumineuses, qui dépendaient du soleil et de la lune.

Rawheya, pourtant, était moins admirée que Rawya. Elle avait ce regard borgne et cette manière de toujours vouloir cacher la moitié de son visage.

De Rawya, en revanche, on disait à sa mère :

— Cette petite ira loin. Elle fera un bon mariage.

Comme on savait que Farida craignait, par-dessus tout, le mauvais œil, on accompagnait le commentaire d'un certain rituel. Les musulmanes disaient :

— Le nom d'Allah soit sur elles.

Ou bien :

— Qu'Allah écarte le mal des filles du bien.

Les chrétiennes disaient :

— Marque-les du signe de la croix !

Cependant, ceux qui avaient la charge de protéger Rawya

et Rawheya n'étaient ni Allah ni Jésus, mais leurs deux frères, Moheb et Chafik.

*
**

On plaça les deux filles au pensionnat de la Mère de Dieu, un établissement de grande renommée. Moheb suivit les traces de son demi-frère ; il entra dans un lycée gouvernemental, celui d'Ibrahimieh, un repère de bruyants garçons qui étudiaient en arabe, tandis que l'instruction des deux sœurs se faisait en français.

Un mur séparait le pensionnat du lycée. A l'origine, il n'y avait qu'une belle maison de notable dans un immense jardin. On utilisa celle-ci pour les garçons. Pour les filles, on construisit un couvent avec une tour, un clocher et une chapelle qui abritait dans le chœur, au-dessus du Saint des Saints, Marie portant l'enfant, encadrée par saint Joseph et le Sacré-Cœur. Musulmanes, chrétiennes et juives étaient toutes placées sous le signe de la Vierge. Les garçons, de l'autre côté du mur, rêvaient à la virginité des filles de la Mère de Dieu et calculaient leurs chances de les déflorer.

Une grosse porte enfermait les élèves et les religieuses qui portaient alors, superposés, plusieurs robes et un voile noirs, éclairés par une guimpe blanche, des « Mères » et des « Sœurs », ces dernières reconnaissables à leur coiffe tuyautée et à leurs fonctions subalternes. Toutes, « Mères » et « Sœurs », étaient des épouses du Christ.

Pour aller à l'école, il aurait suffi aux enfants des Farid de traverser le Nil en felouque et de faire quelques pas. Mais Rawya et Rawheya attendaient sagement l'autobus privé du pensionnat, tandis que Moheb roulait à bicyclette ou empruntait les voies d'eau.

La tentation était grande, pour les écoliers, de taquiner des filles si bien gardées. Un fruit défendu. Une promesse de paradis...

Il leur suffisait de grimper sur le mur pour voir ce qui se passait de l'autre côté. Le prétexte était facile à trouver. Un ballon qui s'égarait suffisait... Perchés sur la barrière, ils négociaient longuement avec les filles. Les voyeurs ! Les voyous ! Ils mériteraient le fouet, oui, le fouet, disaient les religieuses. Et les flammes de l'enfer !

Pour décourager les garçons, les religieuses installèrent le plus près du mur les élèves du jardin d'enfants, beaucoup moins intéressantes. Mais la difficulté ne faisait qu'augmenter le désir des garnements. Ils continuaient à lancer leur ballon et à le suivre aussi loin que possible, c'est-à-dire jusqu'au mur ; puis ils attendaient, munis de jumelles, qu'on leur rendît leur bien. Assis à califourchon, aidés par leur imagination surexcitée, ils se laissaient aller à des rêves érotiques. Ce qui faisait dire aux gens bien pensants qu'un regard suffit à salir les filles jeunes et pures.

Moheb, comme avant lui Chafik, était fidèle à ces rendez-vous de voyeurs !

*
**

A l'heure de la récréation, Rawya se réfugiait avec son livre sous la vigne qui bordait le jardin d'enfants. Mokhtar, l'ami de Moheb, la remarqua. Il n'avait pas besoin de jumelles. Ses yeux lui suffisaient, ceux du cœur.

Quand la cloche sonnait, les garçons qui avaient des bicyclettes se massaient au coin de la rue dans l'attente de l'autobus du pensionnat. Ils guettaient la sortie des filles. Le véhicule démarrait. Eux couraient derrière, sur leurs deux roues, dans l'espoir d'arracher un regard, un sourire, autant de trophées. Ils pouvaient alors se vanter d'une conquête.

Mokhtar, amoureux dès les premières minutes de Rawya, n'en dit jamais rien à personne. Mais il attendait à la sortie du pensionnat, vigilant, perché sur sa bicyclette.

*
**

Le gros matou noir qui courtisait Mu'ezza dans l'escalier de service, alors âgée de trois ans, n'avait pas recours à tant de ruses. Rawya le vit, un jour qu'elle jetait une peau de banane à la poubelle. Blotti contre la porte de la cuisine, les yeux brillants, il attendait Mu'ezza. Rawya lui sourit, comme elle avait souri à Mokhtar, derrière la vitre de l'autobus.

*
**

Rawya recevait ses amies à la maison. Moheb aussi invitait ses camarades. Mais il n'aimait pas que sa sœur se montrât en leur présence. Leurs plaisanteries ne pouvaient s'adresser à sa sœur.

Protégée par une porte, un paravent, Rawya guettait donc les camarades de son frère. Elle pouffait de rire en passant en revue leurs petits défauts. Elle n'avait pas besoin de la présence d'un garçon pour rêver. Les bêtes se transformaient au gré de sa fantaisie en princes charmants, en joyeux compagnons. La grenouille qui coassait dans l'étang de la grande cousine, le lézard qui rampait sur la fenêtre, le scarabée qui sautillait sur l'herbe avec un bruit de casse-noisettes, tous étaient ses amis. Les paroles magiques de Rawheya, sa demi-sœur, provoquaient les métamorphoses. Mais Rawya attirait le regard des garçons, ce que Moheb savait.

*
**

Un matin, les jumeaux et leur demi-sœur dégustaient un repas champêtre dans les buissons de papyrus. Mu'ezza, lovée sur la nuque de Rawya, aperçut Mokhtar portant un persan bleu qui sortait la tête d'un sac. Les deux adolescents se saluèrent timidement et la chatte prit peur, se serra fort contre Rawya. Ils firent ensuite un bout de chemin ensemble. Ils parlèrent de leurs chats. Ils se caressèrent des yeux, se frôlèrent du bout des doigts, rirent ensemble, pour rien, parce qu'ils étaient heureux, parce que leur imagination battait la campagne.

66

Mu'ezza, enfin apprivoisée, joua avec le persan bleu. Moheb se sentit un peu abandonné.

*
**

Un autre jour, Rawya et Mokhtar se croisèrent dans le corridor de la maison. Une certaine complicité dans leurs regards déplut à Moheb. Il décida de surveiller Mokhtar. Alors que celui-ci grimpait sur le mur qui séparait l'école d'Ibrahimieh du pensionnat de la Mère de Dieu, il suivit son regard et aperçut Rawya qui lisait sous la vigne. Fit-il exprès de pousser son camarade sur la chaussée au rendez-vous des bicyclettes ? Celui-ci se serait fait écraser par une voiture si les autres voyeurs n'étaient intervenus. Mokhtar ne se douta de rien.

— J'ai failli me tuer pour te voir, dit-il à Rawya la première fois qu'il put enfin lui parler.

Et Rawya se mit à rêver à Mokhtar.

*
**

Les mois passaient.

Un jour, Mu'ezza ne revint pas miauler à la porte. On la chercha chez les voisins, dans les plus petits recoins des escaliers de service, dans les poubelles vides, dans les poubelles pleines. On l'imagina empoisonnée, éventrée par un chien, écrasée par une voiture. On en fit des cauchemars. On la trouva sur les berges du Nil guettant, au fond de l'eau, des poissons.

Mu'ezza ne resta pas sagement chez les Farid. Elle repartit. Elle revint quelques jours plus tard, fendue au flanc, de la boue collant au sang coagulé de ses blessures. Personne ne la gronda. Au contraire, on la soigna, on la cajola, on lui répéta qu'elle était la plus belle. Et elle tendait son joli museau pour recevoir caresses et baisers.

Aussitôt remise de ses émotions et de ses blessures, elle repartit, puis elle revint, grosse, cette fois, prête à se reposer dans la maison des Farid, le temps de donner naissance à ses chatons.

Quand Moheb apprit comment étaient conçus les enfants, sa réaction fut violente. Il se dit :

« Ma mère n'a pas pu faire cela. Elle ne saurait manquer à ce point de dignité. »

Il se posa des questions sur l'identité de l'amant de Mu'ezza. Au jardin zoologique, il observa les mœurs des animaux. Son imagination interpréta les sorties furtives de Chafik, ses absences nocturnes. Et Moheb eut envie de rire. Il pouvait imiter son demi-frère, se vanter auprès de ses camarades d'avoir connu des filles de joie et fleureté avec d'autres, dites « de famille », comme sa sœur ; mieux encore, il osa prétendre à certains qu'il était père. Ses privilèges de garçon prirent un sens nouveau.

Puis il pensa à Rawya. Rawya ! Il lui sembla qu'elle sortait trop souvent seule acheter des fleurs à la pépinière ! L'idée de ce qui pourrait arriver manqua de l'étouffer de colère. Dans un grand élan, il se dit :

« Jamais je ne lui permettrai de faire cela. »

Les jumeaux avaient alors douze ans. Comme un frêle bambou qui surgit d'une minuscule pousse, Rawya avait grandi, un printemps plus tôt. Elle ne s'accommodait pas de son nouveau corps, gauche et encombrant. Elle aurait voulu ses gestes naturels. Ils la surprenaient par leur maladresse. Sa bouche se tordait en grimaces, ses mains cassaient tout. Et, pour compliquer les choses, les yeux de l'univers, lui semblait-il, étaient braqués sur elle.

Quant à Moheb, sa voix muait depuis peu, son nez grossissait. Rawya le crut enrhumé. Mais sa mère et son père étaient pleins d'admiration pour ce miracle de la nature. Tous les deux le regardaient comme s'ils découvraient un fils nouveau, beau, grand, un soleil !

La transformation de Rawya ne mérita qu'un regard méfiant. On aurait dit que sa nouvelle beauté représentait une menace pour l'honneur de la famille.

Mu'ezza mit bas six petits, sourds et aveugles. Quand ils ouvrirent les yeux et dressèrent les oreilles, on remarqua l'un d'eux, plus beau que les autres. C'était une femelle qui ressemblait à sa mère, avec, pour la distinguer, des poils longs et soyeux. On soupçonna qu'elle avait pour père le persan bleu. Par une porte ouverte, Moheb aperçut Mokhtar et Rawya, tendres, malicieux, qui se souriaient, se taquinaient, se caressaient des yeux. Il se souvint du persan bleu.

Il ne sut pas réfréner son imagination : elle gambada, entraînée par un grain de folie. Les promenades de Rawya ressemblaient aux fugues de Mu'ezza. L'honneur de sa sœur était menacé par son ami. Il se sentit dans l'obligation de lui servir de bouclier, comme c'était le devoir d'un frère. Son père, sa mère et la société entière le lui avaient expressément signifié. Il ne pouvait faillir.

— Pourquoi ne sortirait-elle pas avec nous ? lui demanda un jour Mokhtar.

— Elle est très bien avec ses livres, dit Moheb.

« L'impudent », pensait-il avec une colère contenue.

L'IMITATION DES CHATS

Rawya devait apprendre qu'imiter les chats n'est pas un privilège également partagé entre garçons et filles. Ce qui paraît honorable pour les uns est une disgrâce pour les autres. Elle devait apprendre que le pouvoir de donner la vie serait à la source de sa servitude.

Rawheya, sa demi-sœur, rêvait de sauter par-dessus les murs de la maison paternelle pour s'en aller vers les hommes.

Un jour, elle crut avoir rencontré le prince charmant en la personne d'un petit fonctionnaire vaguement apparenté à sa famille. Il savait tourner les compliments. Rawheya lui montra ses animaux de glaise. Il les admira. Elle sentit que le soleil, ce jour-là, brillait plus intensément que d'habitude.

Le petit fonctionnaire revint. Il joua avec la pâte à modeler, modifia le sourire du lion, mit une larme au crocodile, une moustache au chat. Il prit la main de Rawheya, la garda un instant.

Son frère était souvent absent, Rawheya restait seule dans l'appartement. Le petit fonctionnaire revint encore. Il lui tint la main avec plus d'insistance, plus de chaleur.

On la vit se farder, s'acheter de nouvelles robes, changer de coiffure, laisser tomber, comme par mégarde, une mèche de ses cheveux sur son œil gauche, le mauvais, pour le cacher. Elle avait l'air heureux.

Chafik les surprit ensemble un jour qu'il avait trop bu. Pris d'une colère folle, il renvoya le jeune homme. Il traita sa sœur de putain, lui rappela l'indignité de sa mère, lui lança, comme une insulte, la pauvre condition du petit fonctionnaire. Il ne gagnait que six livres par mois. Pensait-elle que son père entretiendrait un mendiant ? Rawheya se dressa sur ses ergots. Son mariage la concernait. Il n'avait pas à s'en mêler comme on s'était mêlé de celui de sa mère. Un malheur suffisait.

Lui s'emporta encore plus. Il la gifla de sa grosse patte, sur la joue droite, sur la joue gauche, sous les tempes, sur les oreilles. La tête de Rawheya sonnait. Lui frappait encore, encore plus fort ; il n'en pouvait plus ; il s'arrêta. Alors il jura que le petit fonctionnaire ne remettrait plus les pieds à la maison, qu'elle ne vivrait plus sous son toit. Il fit des vêtements de sa sœur un baluchon ; il la poussa dehors, loin, loin de ses yeux.

Etourdie par ce qui lui était arrivé, elle frappa à la porte de sa belle-mère ; elle pleura ; elle sanglota ; elle secoua les colonnes du grand lit à baldaquin ; elle déchira ses vêtements et la moustiquaire ; des journées, des nuits entières, elle lança des cris de douleur, plus stridents que ceux des chats au clair de lune, quand ils appellent à l'amour ; mais ceux qu'elle avait adorés, son propre frère, son père, l'Elu lui-même, prenaient forme de monstres parce qu'ils étaient plus forts qu'elle, d'une force de brute.

Elle appelait sa mère, Rawheya. Pourquoi l'avait-on séparée d'elle ? Pourquoi l'abandonnait-on aux hommes ? Sa mère seule aurait su l'aimer, la protéger, la défendre.

Elle hurlait, Rawheya. Elle déversait tout son fiel. Elle remuait encore un fond d'amertume, et l'écœurement la faisait ricaner. Elle accusait les mœurs de son frère et celles de tous les hommes. Elle insultait l'époux d'Om'Abdou, ce drogué qu'elle croisait parfois sur la terrasse. Il restait quelques jours, puis disparaissait et le ventre de la laveuse se mettait à grossir et elle continuait à frotter, frotter du linge sale, des montagnes de linge sale, pour nourrir ses enfants et faire des économies et acheter des bijoux en or pour la sécurité, pour l'avenir, pour retenir l'époux volage.

Le ricanement de Rawheya se muait en larmes d'humiliation. Des larmes qui n'en finissaient plus de couler, entrecoupées de cris stridents.

Le médecin de famille décréta que Rawheya était folle et furieuse.

Om'Abdou avait, de sa maladie, une opinion différente, mais elle ne dit rien de son diagnostic, les lèvres pincées, par déférence pour les diplômes, les universités, les grands hôpitaux... et les hommes. A son avis, Rawheya était menacée par des *maîtres* qui voulaient posséder son corps et revivre, des âmes errantes, en quête d'une réincarnation.

Un jour, elle ne sut pas se contrôler. Elle se confia à Mme Farid bey. Celle-ci, choquée, éleva la voix.

— L'ignorance vous étouffera tous, dit-elle.

Pourtant, les discours d'Om'Abdou la touchaient. Cela se voyait à sa façon de regarder la paysanne intensément, d'un œil crédule, prêt à découvrir, dans sa pensée, de nouvelles connaissances.

Toutefois, elle obéit à sa raison et au médecin de famille. Rawheya fut internée à Hélouân, dans la clinique du docteur Bachman. Le traitement devait coûter au père plus que l'entretien d'un couple d'amoureux.

Farida se montra très discrète au sujet de ce qu'elle appelait la « maladie » de Rawheya, contagieuse, disait-elle pour écarter les curieux. Les parents les plus proches, Chafik lui-même n'en surent jamais rien. L'avenir de Rawheya dépendait de cette discrétion. Farid bey en devenait insomniaque. Si une nouvelle pareille venait à se savoir, elle courrait de bouche en bouche. On se mettrait à fouiller dans le linge sale de la famille, on se souviendrait de l'aïeule folle et de la mère adultère. Aucun époux n'oserait plus se présenter.

Mille fois Mme Farid bey annonça le retour imminent de Rawheya. Mille fois elle alla la voir à la clinique. Elle lui apportait ses fruits préférés. Des mangues l'été, des goyaves à l'automne. Rawheya les lui jetait à la tête. Et la belle-mère offrait encore des mangues et des goyaves, sûre qu'elle saurait un jour, telle une joueuse de flûte, la soumettre à son charme. Le mauvais œil, l'œil malade, lui faisait toujours aussi peur. Mais Farida se sentait une grande pitié pour Rawheya.

La jeune fille attrapa la fièvre typhoïde. Les gardes-malades, des hommes forts et costauds, ne parvenaient pas à la mater. A Farida pourtant, elle sourit comme un petit enfant ; elle lui prit la main, se laissa conduire. On aurait dit qu'elle éprouvait de la tendresse pour cette femme qui s'appliquait à bien faire.

Et Rawheya rentra chez elle, guérie, en apparence. Elle racontait sa vie dans un flot de paroles, l'œil gauche, le mauvais, tourné loin de l'interlocuteur, l'autre traversé d'un petit éclair de folie ; plus éloquente quand elle se taisait, de longues heures. Mu'ezza venait miauler à sa porte et s'accroupir près d'elle, contre la vitre d'une fenêtre, surveillant les insectes, les oiseaux, les passants. Leurs deux têtes, comme deux métronomes détraqués, battant la mesure des mouvements de la rue.

Mais Rawheya ne montrait plus d'agressivité. Elle ne pouvait même plus tuer la mouche qui la harcelait. Rawheya ne voulait plus aimer. Elle était tout juste capable d'avoir ce geste de métronome détraqué.

Mu'ezza eut encore des chatons, de pères différents. Ne pas se laisser envahir par sa progéniture devenait un problème.

Des années s'écoulèrent. Rawya, la petite sœur, avait de plus en plus l'envie d'aimer. On voyait les rêves habiter son regard, une pâle lumière, dorée comme celle du soleil ; car il y avait du jaune dans le bleu des yeux de Rawya. On y devinait cette envie d'aimer, une parole silencieuse, inexprimable. Elle devait la protéger. Il lui fallait donc renverser l'ordre établi depuis d'innombrables générations, pour l'étouffer.

Pour vivre, Rawya n'eut d'autre choix que d'éviter les lieux fréquentés par Moheb. La tâche devint facile quand il se mit à chercher l'aventure, loin de sa sœur, bien entendu. Elle ne rêvait pas qu'à Mokhtar. Plus d'un garçon lui plaisait. Le neveu de Mme Bassili eut, un temps, la préférence. Moheb n'en sut jamais rien.

Il était séduisant, ce jeune fils du docteur Morcos plus âgé qu'elle de quatre ans, ce qui ne gâtait rien, au contraire. Il ressemblait à son frère Moheb, grand et mince, brun, les cheveux crépus, les lèvres charnues. Entre les deux villages de Hour et de Kasr-Hour, il n'y avait, après tout, que le canal d'El-Ashmounieh. On leur découvrirait même des ancêtres communs, du temps où les coptes de Kasr-hour ne s'étaient pas encore convertis à l'islam.

Ils se connaissaient depuis l'enfance. Elle l'avait remarqué lors des expéditions en felouque avec les Bassili et les Mare'i. Il jouait de l'harmonica et rivalisait avec Moheb dans l'art de faire chanter le yo-yo. Le jeune Morcos, attiré par une Rawya fraîchement épanouie, n'attendit pas les belles soirées de clair de lune pour faire sa cour. Il multiplia ses visites chez sa tante. Sous prétexte de faire plaisir à Mme Bassili, il arrivait avec une nouvelle guitare, puis accompagné de son cousin qui jouait de l'accordéon. Il déployait tout l'attirail de la séduction.

Et Rawya, pour multiplier ses visites, trouva un merveilleux alibi : la petite Nada, nièce de Mme Mare'i, une poupée vivante comme les aiment les adolescentes, venait égayer un foyer sans enfants, imposant ses caprices. Elle exigeait donc la présence de Rawya. Et Rawya accourait, prenait Nada par la main, obéissait à ses ordres qui étaient d'aller voir le grand garçon qui jouait si bien de la guitare et l'autre grand garçon qui jouait encore mieux de l'accordéon.

Et ils se déplaçaient d'un appartement à l'autre, sur le troisième palier de la maison.

La joie régnait chez ces deux tantes qui n'eurent pas d'enfant et qui furent adorées de leurs neveux.

Bien avant de fêter ses seize ans, Rawya comprit que sa tendre aventure avec le jeune Morcos ne se terminerait pas, comme dans les romans, par un mariage. Si un musulman est autorisé à épouser une non-musulmane, l'inverse n'est pas possible. Plus tard, elle comprit l'agencement de l'ordre établi. Dieu a créé l'homme supérieur à la femme, il préfère le musulman au non-musulman. Alors la musulmane ne peut, par les liens du mariage, se soumettre à un non-musulman. La société dans laquelle vivait Rawya était donc patriarcale parce que soumise à la volonté divine...

Elle aurait volé le droit d'aimer, mais le jeune Morcos n'éprouvait pas cet amour fou qui provoque les conversions religieuses. Elle le savait, il ne se ferait pas musulman pour l'épouser. Il ne chagrinerait ni sa mère ni sa tante ; Rawya, d'ailleurs, était sensible au charme de plus d'un garçon.

Elle resta vierge sage, par manque de folie. L'aventure ne dépassa pas les limites du troisième étage de la maison d'El-Orman. Personne ne fut compromis.

Mokhtar se trouva plus d'une fois sur son chemin. Il n'y avait pas moyen de l'éviter. Rawya le vit souvent, en tout bien, tout honneur. Dans la rue, elle fit même quelques pas avec lui, parlant avec animation. Sur les plages d'Alexandrie, elle se baigna avec lui. Dans les salles de cinéma, elle s'assit plus d'une fois à ses côtés. On invente vite un roman.

Il se trouva des âmes charitables pour en informer Moheb. Sur un ton de mépris scandalisé à l'égard de Rawya, de déférent respect pour la virilité de Mokhtar.

Pauvre Moheb, assailli par le doute. Il lui semblait que Mokhtar attendait patiemment sa chance et qu'il guettait sa sœur, comme un matou qui chasse une souris dans un champ, un oiseau sur une branche.

Mokhtar laissa pousser sa moustache. Espérait-il donner ainsi à Rawya l'illusion que son baiser était celui d'un chat ? Moheb l'imaginait caressant la nuque de sa sœur, son cou, son menton. Il voyait Mokhtar sous les traits d'un démon. Et les yeux de Rawya, la nuit, le hantaient. Que faisait-elle, les soirées de clair de lune ? Tournait-elle autour de Mokhtar pour l'aguicher, danser pour lui ? Le rire de sa sœur devenait celui du diable. Elle avait la beauté du diable !

Les âmes charitables ne cessaient de jeter le doute dans son âme.

Pauvre Moheb ! Il ressemblait à un de ces *bonsaï* japonais qu'un jardinier tord, courbe, redresse. De vieux préjugés l'avaient façonné. Il devait veiller à l'honneur de la famille.

LE MARIAGE DE RAWHEYA

Il fallait marier Rawheya, la fille de la femme adultère. Un époux, c'est un « voile de pudeur » ; « l'ombre d'un homme protège mieux que les murs d'une maison. »

Mme Farid bey en parla à ses voisins, à sa famille. Elle n'insista pas beaucoup sur sa beauté. Que pouvait-on en dire ? Ignorer son regard borgne et prôner la blancheur de sa peau, la qualité de ses cheveux ? Farida préféra vanter les valeurs sûres. Rawheya était sérieuse, « comme un homme » ; issue d'une bonne famille ; elle avait de belles perspectives d'héritages. Farida lui inventa d'autres qualités. Pour les besoins de la cause, Rawheya était devenue aussi bonne cuisinière qu'habile brodeuse. Farida lui trouva même des dons de pianiste !

On ne crut pas utile d'évoquer sa passion pour le modelage. On ne montra pas les figurines qui peuplaient sa chambre : le lion, la gazelle et le pou dans sa cruche.

Ce fut un interminable défilé de prétendants. Ils vinrent, accompagnés de leur mère, de leur tante ou d'une vieille amie. On soupçonna que la femme adultère en envoya quelques-uns avec l'espoir de retrouver un jour sa fille. Un à un, ils prirent place dans le grand salon de style anglais. Rawheya s'asseyait dans un coin. Elle écoutait sa belle-mère louer ses confitures et ses feuilles de vigne farcies, la qualité de son riz, un art subtil auquel on reconnaît les bonnes cuisinières. Elle servait une boisson à la fleur de *carcadet* ou un gâteau de maïs. Puis elle se rasseyait, sagement, les yeux baissés, les mains croisées. De temps à autre, elle levait les yeux, dévisageait un prétendant. Aucun ne lui plaisait.

— De gros matous frustrés, disait-elle aux jumeaux. On a interdit à leurs chattes de sortir les nuits de clair de lune. Ils ne s'intéressent qu'à l'argent de mon père et à mes capacités culinaires. Se marier comme ça, c'est pire que se prostituer.

La révolte, le mépris, étouffaient en elle jusqu'au souvenir de celui qui sut, un jour, lui parler. Il était loin, le temps où elle rêvait de contes de fées. Elle n'avait pas envie de sauter par-dessus les murs pour s'en aller vers les hommes, mais on ne lui demandait pas son avis.

Un homme de qualité la demanda en mariage. Cet honnête Saïdien, fonctionnaire du gouvernement comme son père, cherchait une compagne, une famille, des relations au Caire. Il se prit de tendresse pour le regard borgne et la solitude de Rawheya. Une coquette n'aurait pas fait son affaire. Il sut lui arracher un sourire, un regard malicieux. Il avait de beaux yeux, de l'humour, une certaine courtoisie, un cœur généreux. Mais il n'avait pas grand-chose d'autre à lui offrir que l'ennui de sa province du sud, de longs mois d'été chauds, harassants. Rawheya accepta.

Le jour des fiançailles, le promis offrit un solitaire et une bonbonnière de Sèvres pleine de dragées et de marrons glacés. On en parla plus que du montant de la dot. On admira la qualité, la grandeur du brillant et de la boîte de friandises. La nouvelle passa de bouche en bouche et l'opinion fut que Rawheya faisait un excellent mariage, en dépit de son regard borgne et de sa mère adultère. On rendit hommage à Mme Farid bey.

Le fiancé revint souvent de sa province du sud chargé de cadeaux. Il apportait un parfum de Paris, un sac à main en peau de crocodile, un châle espagnol. Une tante les choisissait pour lui, suggérait ce qui ferait davantage plaisir : une hirondelle en brillants, un verset de Coran inscrit sur de l'or. Lui ne lésinait jamais.

On autorisait les fiancés à rester seuls dans le salon d'hiver ou dans le salon d'été. Elle se laissait voler une caresse ou un baiser, la tête légèrement tournée, comme pour se dérober un peu.

Peu à peu, Rawheya retrouvait son rêve. Elle animait de nouveau ses animaux de glaise. Elle leur parlait. Un jour, elle dit au lion que son mari scrait plus beau que lui ; elle annonça au pou qu'elle avait assez grandi pour sauter par-dessus les murs de la maison paternelle, à la gazelle qu'elle la dépasserait à la course, en direction du sud, vers la Haute Egypte, le pays de son époux.

On s'empressa de signer le contrat de mariage. Il y eut un air de fête à la maison. Pour ce grand jour, on alluma les lustres et les candélabres, on sortit des tentures et des nappes damassées, brillantes ; les invités portaient des robes vertes, roses, rouges, orange, des paillettes d'or et d'argent.

Dans le petit salon d'été, exposé aux vents du nord, les femmes entourèrent Rawheya. Elle plongea ses pieds dans une bassine pleine de verdure pour s'imprégner de la fertilité de la nature ; elle tint un sequin d'or sous la langue, mit un pain sur la tête pour s'assurer la richesse et l'abondance ; la vieille grand-mère récita des versets du Coran, pour lui donner la baraka, la grâce d'Allah. Deux jeunes filles cousaient l'ourlet de sa robe pour la protéger du mauvais œil.

Dans le grand salon exposé aux vents du sud, les hommes entourèrent Farid bey et le fiancé de Rawheya ; ils contractè-rent l'engagement de mariage en présence du muezzin, leurs deux mains enveloppées dans un mouchoir blanc.

Dans le petit salon d'été de la maison, exposé aux vents du nord, la vieille grand-mère enleva le sequin de la bouche de

Rawheya ; elle lui donna des bonbons à sucer pour que sa langue fût toujours douce pour son époux.

L'époux revint encore, souvent, de sa province du sud, chargé de cadeaux. Il rendit visite à l'épouse jusqu'au jour où l'on fêta, en grande pompe, le départ de Rawheya de la maison paternelle et la consommation du mariage.

A l'Hôtel Semiramis, Rawheya arriva accompagnée d'un cortège de voitures fleuries. Sa belle-mère, pour la protéger du mauvais œil, lui fit porter, sous la robe blanche, un vêtement emprunté, un autre déchiré. Les invités et l'époux attendaient la mariée.

Un derviche tourneur donna le signal de la fête. Il se mit à tournoyer, faisant virevolter sa grande jupe rouge qui se détachait de sa taille et montait, montait, couvrait sa tête et continuait à tourner ; il semblait pris de vertige mystique, tandis que les flutiaux, les tambourins, les *zagharites* des femmes — pleureuses en d'autres occasions — rythmaient la joie. Les adolescents, les enfants de la famille jetèrent sur Rawheya une pluie de faux sequins pour lui souhaiter l'abondance et la protéger des envieux. On ne protège jamais assez du mauvais œil.

Tels un roi et une reine, les mariés trônaient dans le salon de l'hôtel, parmi les corbeilles de fleurs. Ils reçurent les hommages des invités. Puis la danseuse du ventre leur souhaita les plaisirs du corps.

Rawheya partit, emportant avec elle, dans d'innombrables valises, le trousseau soigneusement préparé par sa belle-mère. Dans un panier d'osier, elle avait mis l'une des filles de Mu'ezza. Elle désirait, pour sa nouvelle vie, une compagne dont elle comprendrait le langage, qui se frotterait contre les marches de l'escalier toutes les fois qu'elle rentrerait à la maison, l'air de dire :

— Tu es enfin de retour, caresse-moi.

Rawheya eut un premier enfant, une fille. Elle ne put en avoir d'autre.

Rawya eut vite l'intuition que le bonheur de sa demi-sœur serait de courte durée. Elle ne la voyait qu'une ou deux fois l'an, pour les fêtes du Sacrifice, pour les vacances d'été au bord de la mer, à Alexandrie ou à Ras el-Bar. Elle la harcelait de questions. Rawheya évitait de répondre, par orgueil, par pudeur. Mais Rawya reconstitua sa vie grâce à des bribes de confidences, des chuchotements, quelques larmes. Elle surprit une conversation animée entre Farida et l'époux de Rawheya.

— Vous auriez dû me prévenir, Set Farida.

Un ton résigné, des silences.

Rawya comprenait mal pourquoi Rawheya était malheureuse, mais elle pressentait que le destin de sa demi-sœur pouvait devenir le sien, qu'elle devait changer l'ordre des choses. La différence entre leurs deux prénoms la rendait pensive : une syllabe qui ressemble à un souffle et ce prénom de Rawheya qui signifie ce qui se rapporte à l'esprit. Un souffle ou un esprit pouvait l'animer et lui donner la force de se révolter !

Rawya tentait d'imaginer sa demi-sœur, perdue dans ce sud lointain, entourée de sévères femmes, la belle-mère, les vieilles tantes, les épouses de fonctionnaires provinciaux. Tous ces piliers de la société aux yeux innombrables qui jaugeaient ses capacités ménagères, surveillaient sa vertu, guettaient les signes de sa fécondité.

Rawheya ne pouvait leur parler du lynx et de l'ocelot du jardin zoologique qui faisait partie de sa maison, là-bas, au

Caire ; ni des palmiers royaux du parc d'El-Orman, de leurs troncs blancs qui composaient comme un temple antique. Elles n'auraient pas compris.

Elle imagina Rawheya dans les salons de province, n'osant pas regarder les hommes en face, fixant leurs panses serrées dans les costumes occidentaux. Rawheya qui aurait voulu crier, qui étouffait. Rawheya qui rentrait chez elle, étreignait fort, très fort la fille de Mu'ezza. Elle était belle, la fille de Mu'ezza. Ses yeux reflétaient la lumière du rêve, la joie de chasser et celle d'aimer.

Il fallait nourrir les notables de la ville. De sévères regards étaient là pour le lui rappeler. Mais elle ne savait rien faire, Rawheya. Au lendemain de ses noces, Farida avait eu, pour la servir, l'esclave affranchie par l'arrière-grand-mère turque, la fée qui parsemait de pétales de roses les draps du lit conjugal. Rawheya n'eut, pour l'aider, que des bonnes inexpérimentées.

Elle se souvenait de certains gestes. Elle les imita. Elle prit une poule, rassembla les ailes dans le creux de sa paume ; de ses deux doigts, elle ferma le bec, coupa le cou. Le sang gicla et Rawheya se mit à rire et à pleurer. Dans les petites rigoles de sang, elle se regarda, hébétée.

Elle nourrissait mal les notables de la ville. Elle avait envie de vivre, de célébrer la joie et l'espoir.

Son mari travaillait la journée. A la tombée de la nuit, quand l'enfant s'endormait, il jouissait des droits des hommes ; il flânait dans les cafés de la ville avec ses amis. Quand il en avait le temps, il partait au Caire. Il allait voir les danseuses du ventre.

Rawheya ne pouvait distraire sa solitude. Elle connaissait les menaces qui pèsent sur la femme adultère. Sa voisine, une brave veuve chrétienne, venait lui rendre visite pour tuer le temps. Elle lui racontait des histoires édifiantes :

— Sainte Euphémie résista aux tentations du démon et ne se remaria jamais. Elle vécut, bénie et pure, protégée par l'image de l'ange Mikhaïl. Anba Boulos préféra manger des scorpions plutôt que de vivre avec la femme adultère.

Elle avait envie de célébrer la joie et l'espoir, Rawheya.

Mais elle craignait d'être entraînée par la toute-puissance d'Iblis, roi des démons. En rêve, elle vit l'image d'un autre homme que son époux : le prince charmant de la princesse Dalal. Elle se sentit coupable. Depuis que son mari se détachait d'elle et passait dehors des soirées, son imagination vagabondait, commettait l'adultère. Elle voulut étouffer son rêve. Alors elle s'étiola, elle perdit l'appétit, l'envie de parler et de vivre. Les femmes des notables répétèrent le diagnostic d'Om'Abdou : Rawheya était possédée. Il fallait l'exorciser.

On consulta une *codia*, l'initiée au monde des esprits. Celle-ci brûla de l'encens. Dans les volutes de fumée, elle vit une forme, elle lut un nom. Elle donna une identité à cette âme errante et l'âme errante, empruntant la voix de l'initiée, parla. Elle exigea beaucoup pour ne plus tourmenter Rawheya et la rendre à son époux : le foie d'un canard orphelin, le lait d'une chamelle boiteuse, un agneau, deux dindons, quelques douzaines de pigeons et un *zar*, la grande fête, rite magique d'exorcisme.

Rawheya osa rêver de nouveau. Dans le monde des fantômes, l'amour lui semblait encore possible. Elle inventa un visage à l'âme errante qui était devenue son *maître* et la possédait, un beau visage de prince charmant. Pour lui, elle organisa la grande fête. Elle rêvait, éveillée, et la nuit, dans le sommeil, ses animaux lui parlaient du *maître* : la poule qu'elle venait de tuer, le pigeon qu'elle avait rôti la veille, le chat écrasé par une voiture, le bélier sacrifié pour commémorer l'histoire d'Abraham et de son fils Ismaïl, la huppe dont elle avait mangé la crête et bu le sang pour donner naissance à un autre enfant, un garçon peut-être, et le pou de glaise, dans sa cruche.

Avec cet homme invisible, elle commit publiquement l'adultère. La fête du *zar* répétait avec plus d'éclat le jour de son mariage ; elle allait seule au-devant du *maître* et les hommes de la famille ne lui volaient pas la première place ; elle apparut, vêtue d'une robe voyante, parée de bijoux, au milieu d'une grande assemblée provinciale ; elle fut encensée, entourée de femmes portant chandelles, caressée, embrassée ;

c'était la reine comme au jour de son mariage ; le *maître* se tenait à ses côtés, invisible ; elle dansa, hypnotisée par le rythme des tambours et des castagnettes. Un homme l'accompagnait, un professionnel de l'exorcisme. Pour elle, il faisait tourner ses cheveux qu'il portait longs ; il lui chuchotait à l'oreille des versets de Coran et elle dansait avec la folle envie d'aimer. Le *maître* s'anima dans son corps, la pénétra. Le rythme des tambours et des castagnettes s'accéléra. Rawheya entraîna dans les transes toutes les femmes de l'assemblée, conduite par cet homme qui faisait tourner de plus en plus vite ses longs cheveux, qui l'emportait dans le tourbillon de la danse, vers un monde peuplé d'hallucinations ; elle fit les gestes de l'amour, Rawheya ; épuisée, elle s'évanouit. Les autres femmes qui se croyaient, elles aussi, possédées, prirent la relève.

La fête continua jusqu'à l'heure où l'on entendit, au loin, le chant du coq. Le lendemain, elle recommença. On tua deux dindons, des douzaines de pigeons, un agneau. On les sacrifia dans la tradition musulmane, la tête tournée du côté de La Mecque. « Au nom d'Allah », criait l'assemblée à chaque arrêt de mort. On recueillit du sang dans une bassine ; Rawheya s'en mit sur les mains, le visage, les pieds, et elle dansa de nouveau, elle dansa encore.

Au banquet, on servit le lait d'une chamelle que l'on disait boiteuse, le foie d'un canard certifié orphelin.

Mais le *maître* n'abandonna pas Rawheya. A nouveau, elle vécut de longues journées dans l'hébétude, regardant de sa fenêtre, en compagnie de sa chatte, le mouvement de la rue. Tous les exorcistes de la terre ne pouvaient lui enlever la folle envie d'être aimée ni le désespoir de vivre sans amour. Plus d'une fois, elle organisa *la grande fête*. Plus d'une fois, le rite magique lui rendit l'illusion d'être heureuse. Mais quand passait le temps des danses frénétiques et des rythmes envoûtants, elle retrouvait sa vieille angoisse désespérée.

Son mari en souffrit parce qu'il l'aimait à sa façon, parce qu'il ne pouvait supporter les frais des folles fêtes de Rawheya ni ce mouvement de métronome détraqué qui l'animait de longues, de très longues journées. Pour la guérir, il aurait fait n'importe quoi. Mais il avait son travail, le pauvre homme. Et le soir, pour oublier sa peine, il jouait au tric-trac dans les cafés de la ville, avec des collègues qui avaient besoin, eux aussi, d'oublier. De temps à autre, pour guérir tout à fait de son mal, il allait au Caire pour sentir le balancement de la vie et voir ces danseuses du ventre qui souhaitent aux époux les joies du corps.

Rawheya se fit une réputation de folle. On la montrait du doigt. Elle ne savait rien faire. Elle était folle et bête, incapable de donner le jour à un garçon. Elle avait encore de la chance, Rawheya. Son mari, le brave homme, ne la répudiait pas.

UN JEUNE MATOU

On entendait souvent Rawya appeler Moheb :

— Gros matou !

Moheb aurait bien aimé en être un. Le plus grave était qu'on semblait attendre de lui des preuves de virilité. Son père et Chafik avaient toujours l'air de dire, une petite lueur dans l'œil :

— Montre-nous ce que tu es capable de faire !

Et Moheb voyait en chaque fille une citadelle à investir.

Mme Farid bey elle-même, qui soupçonnait la vertu de toutes les femmes et ne doutait pas du charme irrésistible de son fils, semblait attendre, elle aussi, ses exploits.

*
**

Il y pensait depuis longtemps, à toutes les heures de la nuit et du jour, même à l'heure de la prière. Les mots et les images déguisés en plaisanteries dansaient autour de lui une folle farandole. Il en devenait capable de voir, au travers des robes des filles, les promesses du paradis musulman. Pour nourrir ses fantasmes, il n'y avait pas que les amours de Mu'ezza et les revues pornographiques, mais encore les films de la Metro-Goldwyn-Mayer et ceux des United Artists. Garçons et filles s'embrassaient sur les écrans de cinéma. Et ces baisers prolongés duraient, dans son imagination, une éternité. Les corps enlacés ondulaient en vagues de plaisir...

Le désir, la nuit, lui jouait de mauvais tours. Le désir, les soirées de grande chaleur, lui aurait fait faire des folies. Pourquoi donc disait-on partout que l'amour était possible ? L'amour, pour Moheb, n'était qu'un mirage.

Il y avait bien les prostituées. Mais Moheb voulait aussi du sentiment, comme dans les films américains. Et cela, il ne pouvait l'espérer. Les filles qui répondent aux avances des garçons ne sauraient être que des putains.

Quand la lune était pleine, il sortait et se mêlait à la foule du Caire ; il déshabillait les femmes du regard comme n'importe quel paysan venu de Haute ou de Basse Egypte, ébloui par la quantité de bras et de poitrines à portée de main.

Ces soirs de clair de lune, il rentrait tard, comme les chats. Mais il ne rentrait pas, comme eux, satisfait.

Moheb se réfugia un jour dans la prière : il avait rencontré avec son père le Guide Suprême des Confréries musulmanes.

C'était à Kasr-Hour, un mois de juin, quand il faisait très chaud. Les paysans récoltaient le coton. Hassan el-Banna apportait la bonne parole du Coran aux classes déshéritées, jusque dans les villages les plus reculés. Il s'y rendait par voie d'eau ou de terre, en bateau, en train, à dos d'âne ou à pied. Un infatigable voyageur.

— Allons donc à la mosquée, dit le Guide Suprême à Moheb et à son père.

A l'eau de la fontaine, ils se purifièrent les mains et les pieds. Hassan el-Banna y plongea l'avant-bras, jusqu'au coude, puis la jambe, jusqu'au genou. Moheb et son père l'imitèrent.

— Tu n'as pas peur de l'eau ! dit le Guide Suprême.

Et ils se purifièrent encore plus. Le nez. Les oreilles... Ils firent un acte d'adoration, un autre, un troisième. Puis ils discutèrent ensemble de questions métaphysiques et de mystères religieux.

Ce jour-là, Moheb fut séduit. Cet homme était un magicien de la parole qui avait l'art du conteur paysan. Avec des mots, il tissait le divin... Il prêchait aussi le rejet du matérialisme venu d'Occident.

Hassan el-Banna était maître d'arabe dans une école primaire d'Ismaïlieh quand il fonda, en 1928, temps de gloire de la Compagnie du canal de Suez, son mouvement. Sans doute sa présence à Ismaïlieh fut-elle la cause de sa haine de l'Occident. De là il vit le monde partagé entre Français et Anglais et la région occupée par des Européens qui méprisaient l'islam, construisaient de belles maisons, aménageaient d'idylliques lieux de loisirs — interdits, bien entendu, aux autochtones. Ces colons chrétiens offensaient la pudeur des gens avec leurs danses, leur alcool, leur scandaleuse mode vestimentaire : tenues de tennis et costumes de bains semblaient à Hassan el-Banna le comble de l'indécence !

Ce jour-là, Moheb partagea avec le Guide Suprême la haine de l'Occident aussi bien que l'amour du divin. Et les films de la Metro-Goldwyn-Mayer et ceux des United Artists lui apparurent comme l'œuvre d'un démon pervers ou tentateur, étranger de toute façon.

Cependant, il ne pouvait se mettre à l'abri de ce vent qui soufflait, depuis plus d'un siècle, de l'Ouest ; ce vent qui lui apportait à la fois le souffle du Mal et les promesses du Paradis.

Alors Moheb redoublait de piété.

Mu'ezza fut son premier amour. Avec elle il apprit à caresser une femme. L'indécente Mu'ezza ! Quand elle voyait Moheb arriver, elle se couchait sur le dos, elle levait les pattes en l'air et elle attendait ses caresses. Il l'embrassait sur le museau. Il lui frottait le ventre. Elle ronronnait. Elle exigeait davantage. Et s'il ne se montrait pas à la hauteur de la situation, elle le mordait, elle le griffait.

L'amour de Moheb pour Mu'ezza avait l'âge de la chatte. Sur les bancs de l'école, il rêvait à une fille aussi soyeuse, aussi douce, aussi folle qu'elle. Il rentrait à la maison, les bras grands ouverts, pour l'enlacer. Avec un châle rouge, crocheté par une vieille tante, il l'attirait dans son lit. Mu'ezza affectionnait ce châle, elle le suçait, substitut maternel. Et quand elle le voulait bien, quand elle ne partait pas comme en ces nuits de clair de lune, elle dormait sagement blottie dans les bras de Moheb comme dans un lit conjugal dont on a pris l'habitude. Au réveil, Mu'ezza était étendue sur lui, serrant entre les pattes et les dents les fils de laine du châle rouge.

La tendresse que Moheb éprouvait pour Mu'ezza se mêla à ses élans de piété. Il imaginait alors qu'il aimait tant sa Mu'ezza qu'il répétait, à sa manière, la vie du Prophète, car celui-ci préféra couper la manche de sa chemise plutôt que de déranger le sommeil de sa chatte, doucement blottie contre son bras.

Quand il était encore en pantalons courts, Moheb prêcha la bonne parole du Coran.

Un roi régnait alors, Farouk, beau comme le rêve des filles du pays. Il semblait porter en lui les promesses de l'avenir. Farouk — on l'appelait le roi Juste — allait redresser les torts commis par ses prédécesseurs.

Le cheikh de l'Université d'El-Azhar voulut faire du roi un champion de l'islam, un nouveau calife, le successeur du Prophète. Son père, Fouad, au lendemain de la chute de l'empire ottoman, avait déjà caressé ce grand projet et les Anglais l'avaient soutenu pour détruire le Wafd, ce peuple d'*effendis* qui prenait trop d'importance. Farouk se montra donc ostensiblement à la prière du vendredi, dans les

Et le Wafd collaborateur des Anglais cessa d'être le symbole de l'unité et de l'indépendance nationales. Il se transforma en sac de rats. Son chef, le président, fut accusé d'être manipulé par sa femme, jeune — combien plus jeune que lui —, jolie et coquette ; elle n'avait, disait-on, d'autre souci que de faire fortune et de placer les membres de sa famille aux postes d'influence. Le chrétien Makram Ebeid était au premier rang des accusateurs ; un remaniement ministériel l'exclut du pouvoir et le Wafd perdit l'appui d'une partie de ses coreligionnaires ; puis Makram Ebeid publia ce « Livre noir » qui accusait le gouvernement de corruption. Des chrétiens wafdistes dénoncèrent dans ce livre une menace à la courtoise coexistence entre chrétiens et musulmans qui existait depuis des siècles. A l'extrême droite, les Frères, eux, se servirent du « Livre noir » comme d'un précieux document pour condamner l'accusé, l'accusateur et le Wafd dans sa totalité, ce repère de chrétiens, cette délégation de fanatiques qui cherchaient à dominer les musulmans. A l'extrême gauche, les communistes, représentants d'une nouvelle classe ouvrière, dénoncèrent l'emprise des grands propriétaires et de l'affairisme industriel sur ce mouvement qui se voulait démocratique et populaire. Le roi, humilié, attendait son heure. Et les Anglais continuèrent de régner en maîtres sur le pays.

On ne se bagarrait pas seulement au Gouvernement, au Parlement, au Palais, mais encore dans les écoles. Petits et grands prenaient parti. Personne n'aimait les Anglais, mais à quoi bon pactiser avec l'Allemagne ou l'Italie ? S'allier aux pays de l'Axe, c'était, pour l'Egypte, se mettre encore sous de nouvelles bottes.

Moheb et Mokhtar menaient la bataille. En cela, ils étaient plus forts que les agitateurs officiels. Les aurait-on payés pour faire feu, qu'ils n'y auraient pas mieux réussi. Ils en oubliaient, pendant les récréations, de grimper sur le mur qui séparait leur école du pensionnat. Et les écolières, de l'autre côté du mur, en faisaient autant, avec, pourtant, moins de sérieux que les suffragettes de 1919.

Quand la victoire leur sourit, les Anglais passèrent de

nouveau les rênes du pouvoir à Farouk. Et la lutte continua.

Moheb et Mokhtar n'en finissaient pas de s'opposer, mais peut-être était-ce Rawya le véritable enjeu de leur dispute ?

L'université bouleversa la vie des deux rivaux. Là, filles et garçons se côtoyaient.

Des murs d'un vieux palais, une coupole dressée au fond d'une allée de flamboyants, des colonnes, des frontons de style Renaissance, des allées de palmiers royaux, des parterres fleuris de pensées, de giroflées, d'hibiscus, de marguerites, une horloge qui donnait l'heure, non seulement aux privilégiés du quartier d'El-Orman, mais encore, diffusée par la radio, au pays tout entier, comme en Angleterre Big Ben, c'était tout cela, l'université, un lieu qui servit de cadre à toutes les fêtes du changement, depuis que les *effendis* avaient quitté la boue de leurs villages, habillés d'un costume anglais et d'un tarbouche turc, pour partir à la conquête de l'avenir.

L'espoir d'y faire des mariages d'amour ne représentait pas alors le moindre des bouleversements.

Rawya et Moheb traversaient la grand-rue, longeaient l'allée d'acacias qui sépare la demeure des bêtes de celle des plantes et ils étaient arrivés à l'université. Mokhtar, lui, habitait de l'autre côté du Nil, il traversait donc la rivière en barque, passait devant la maison des jumeaux, puis empruntait le même chemin qu'eux.

Trois années durant, ils suivirent les mêmes cours à la faculté de droit.

On aurait pu croire que l'ambiance de l'université renforcerait l'amitié entre Moheb et Mokhtar. Avant de quitter l'école secondaire, ils avaient déjà lutté ensemble, au lendemain de la Grande Guerre, quand s'organisa à nouveau la résistance contre les Anglais. Ensemble, ils portèrent le deuil, ce 9 février 1946. Au moment où les manifestants traversaient en masse le Nil par voie de terre, le chef de la police, Selim Zaki, avait donné l'ordre d'ouvrir le pont Abbas qui unit Guizeh à l'île de Rodah et la faculté de médecine aux trois facultés de droit, de lettres et de sciences ; vingt jeunes gens étaient morts noyés. Et ce 21 mars de la même année, ils manifestèrent ensemble devant les casernes de Kasr-el-Nil ; les forces britanniques ouvrirent le feu sur la foule ; il y eut trois morts et douze blessés, qui devinrent le symbole d'une jeunesse unie pour assurer l'indépendance. Dans l'enthousiasme et dans le deuil, Moheb et Mokhtar semblaient avoir enterré leurs griefs. Et lorsque, quelques mois plus tard, les jumeaux et Mokhtar firent leur entrée dans cette université, sous le regard méfiant d'un double pouvoir, royal et britannique, ils manifestèrent encore ensemble. Les autorités, soucieuses d'ordre, fermèrent les portes des facultés. Ils récidivèrent. Traqués par la police, ils traversèrent le Nil en barque pour aller rejoindre leurs amis et organiser avec eux la résistance.

Leur entente ne dura guère. Dès la première année d'université, Mokhtar s'engagea à fond dans le parti communiste ; Moheb ne savait pas où il en était dans ses convictions religieuses. Les paroles du Guide Suprême résonnaient encore à ses oreilles. Mais il y avait le monde de l'action. L'entraînement armé, les assassinats l'indignaient. Et le Guide Suprême était un meneur d'hommes. Moheb louvoya.

Il en était à sa deuxième année de droit quand un disciple du Guide assassina son oncle, alors président de la Cour suprême, ce beau-frère que sa mère appelait avec tendresse, en turc, *Aneshta*. Moheb aurait pu se détacher de sa famille maternelle comme tant d'autres jeunes têtes brûlées qui ne croyaient qu'à l'idéal. Il n'en fit rien. Les pleurs de Farida et le désarroi de son père qui n'avait jamais accepté le symbole du mouvement, un Coran et deux épées, lui servirent d'alibi.

— Pourquoi l'épée ? demandait Farid bey au Guide Suprême. Et pourquoi ces jeunes gens autour de toi, qui ont appris des Allemands à manier la grenade ? La religion est un rapport à l'autre. Ce n'est pas une destruction de l'autre.

Le Guide Suprême essayait de se justifier. Ce qu'il répondit désola encore davantage Farid bey.

— Regarde les gens du peuple, disait-il. Ils n'ont pas de culture ; il me faut tisser un grossier vêtement avec de l'étoupe de chanvre pour cacher leur difformité.

En réalité, Moheb n'avait aucune envie d'affronter la répression policière. Une rumeur courait : un esclave noir sodomisait des Frères musulmans prisonniers. On ne pouvait imaginer plus grande humiliation, dans ce pays où la virilité est la première valeur, que celle d'un homme réduit au rang de femme !

Mokhtar, lui, n'avait rien à craindre. On n'inventait pas pour les communistes pareilles tortures. Moheb l'en détesta davantage.

Il commençait à se plaire dans la haute société occidentalisée. Sa famille maternelle faisait des avances au brillant étudiant si plein d'avenir. Pour faciliter les contacts avec les jeunes filles à marier, les grands propriétaires terriens l'invitaient dans leur maison de campagne. Les plus libres, les plus modernes d'entre elles lui accordaient toutes leurs faveurs, toutes, sauf celle de leur virginité. Il en arrivait à maudire cette virginité qu'il protégeait si jalousement chez sa sœur et à mépriser ce modernisme qu'il jugeait outré, mais qui, par ailleurs, l'enchantait.

Ainsi lancé dans les mondanités, Moheb oublia peu à peu le Guide Suprême et son désir de s'engager à ses côtés, mais sa répulsion pour le communisme demeurait. Rawya ne devait en aucun cas se compromettre avec Mokhtar. Qu'avait-il d'ailleurs à lui apporter ? Un avenir incertain et la menace permanente des répressions policières ? Moheb avait fait son enquête. Mokhtar n'était même pas riche.

Il voulut imposer sa volonté à Rawya et l'empêcher d'aimer Mokhtar. A l'université, il monta la garde.

Autour de lui, il cherchait déjà pour Rawya l'époux qui servirait mieux ses intérêts, comme n'importe quel paysan venu de Haute ou de Basse Egypte.

Puis Moheb rencontra Angela. Angela, une belle Italienne, mariée, couturière de métier.

Mme Farid bey avait envoyé son fils porter à Angela le tissu d'une doublure. Il aima son petit appartement d'Héliopolis au mobilier *Jugendstil* bien astiqué, aux bouquets de roses artificielles. Il s'assit sur un divan couvert de myosotis crochetés au coton blanc, d'une propreté immaculée, sous la photo de mariage signée Alban : robe, voile, fleurs d'un blanc aussi immaculé que le crochet du divan ; Angela, au bras d'un homme heureux ; pantalons rayés, chemise amidonnée, cravate et veste noire : le comble de l'élégance.

Sur le gramophone vieillot de ses parents, elle lui fit entendre ses disques préférés, des arias d'opéras italiens. Elle lui chanta l'air d'*Aida* et Moheb admira cette belle poitrine qui se gonflait pour forcer la voix. Il se sentit tout ému. Il eut envie de caresser les seins généreux de la couturière. Il imagina Mu'ezza et osa approcher la main. Angela ne le gifla pas. Alors sa main s'attarda ; elle se promena jusqu'au ventre, et l'autre passa, comme avec Mu'ezza, entre les jambes ; l'image de Mu'ezza se mêlait à celle de la photo signée Alban ; Angela rit, d'un rire perlé qui avait la fraîcheur des sources.

Dehors la lune était pleine. Pourquoi se trouvait-elle seule à l'heure où les chats aiment faire l'amour ? Angela ne chantait plus. Elle expliquait : son mari était chef cuisinier dans un restaurant. Pendant la Grande Guerre, il fut fait prisonnier, comme tous les Italiens d'Egypte. Elle l'avait attendu, aussi fidèle que pouvait l'être une femme jeune et belle.

Sur le balcon, il y avait une brise légère. Angela chanta de nouveau, plus fort, avec plus de joie. Elle dit au jeune homme de revenir, pour distraire ses soirées de solitude. Il savait si bien la caresser !

Mais il n'attendit pas de revenir pour s'allonger auprès d'elle sur le divan, sous la photo de mariage signée Alban. Il ne pouvait plus attendre...

Plus tard, quand il craignit de devenir lui-même un époux trompé, il pensa avec angoisse au mari d'Angela. Mais jamais n'effleura son esprit l'idée qu'une femme avait le droit d'aimer.

Rawheya, la fille de la femme adultère, arriva de ses suds lointains. Rawheya et son regard borgne, témoin d'une vieille blessure.

Sa fille et son époux l'accompagnaient. Une semaine plus tard, ils repartaient sans elle et Rawheya annonçait à sa belle-mère leur décision de divorcer. Alors Farida prit peur. Elle empila les vêtements de Rawheya dans une valise vide. Elle se précipita avec elle à la gare, la tirant comme une gamine qu'on force et qui refuse. Le train allait partir. Dans tous les wagons, elle chercha l'époux et l'enfant. D'une voix tonitruante, elle cria :

— Chez nous, il n'y a pas de divorce. On ne donne pas naissance à un enfant pour le faire souffrir.

Lui disait :

— Notre vie est un enfer, Set Farida. Prie pour qu'Allah appelle à lui l'un de nous deux !

Rawheya repartit avec l'époux, pour vivre encore en étouffant le rêve.

QUERELLES DE FAMILLE

Les Farid étaient pieux. Le père y veillait. Dès l'aube, il réunissait la famille pour la prière rituelle. Il jeûnait le mois de ramadan et parfois celui de ragab. Du lever au coucher du soleil, pas une goutte d'eau, pas une bouchée de pain. Malade, il jeûnait encore. Il faisait aussi l'aumône. Un mouton entier aux pauvres pour la Fête du Sacrifice.

Quand il mourut, on dit de lui :
— Quel saint homme !

La première alerte de la maladie causa un choc terrible, mobilisa toutes les énergies, un médecin, une ambulance, un autre médecin, à cause d'un premier diagnostic douteux, les pieuses gens qui firent des visites au mausolée de Sayeda Zeinab — Zeinab, la toute-puissante —, des invocations à l'ange Mikhaïl et à l'ange Makar...

Le mauvais œil, qui fend les pierres, allait-il donc s'en prendre au bonheur des Farid ?

On ne les enviait plus. On cherchait le chagrin caché, cause certaine du malheur. Mme Farid bey se lamentait souvent, pour cacher au mauvais œil un bonheur enviable, le détourner d'elle et de sa famille. Il n'y avait qu'à puiser dans ses doléances, il n'y avait qu'à se souvenir. Pourtant, les mauvaises langues s'empressèrent d'accuser Rawheya.

— Rawheya l'a tué, disaient-elles.

— Rawheya, c'est leur destin !

En fait, tout commença par une petite guerre familiale.

Pour agrandir sa maison de maître, le demi-frère, le *'omdeh*, voulut acheter la modeste demeure de son voisin, Meleka, un copte, orthodoxe et schismatique, comme beaucoup de coptes. Meleka, qui ne savait pas mener ses affaires, se trouva criblé de dettes ; ses biens furent saisis par les créanciers et mis en vente.

Il se trouvait que Farid bey aimait s'entretenir avec Meleka des plantes, des bêtes, du rythme des saisons et du lien qui les attachait à la terre et à l'éternité. Il logeait même chez lui lors de ses visites au village, parce qu'il devenait de plus en plus difficile de dormir chez sa mère, entouré de poules et de chèvres. Le demi-frère prit-il ombrage de cette amitié ?

Pour Meleka, la situation était tragique. Lui et sa famille risquaient d'être jetés à la rue. Alors Farid bey décida de partir au village le jour de la vente et de monter les enchères contre son demi-frère, pour que Meleka pût garder sa maison.

Le *'omdeh*, furieux, jura de se venger.

Les jeunes frères de Farid bey avaient décidé, au lendemain de la Deuxième Guerre mondiale, de mieux réussir que Farid et que les docteurs de Hour. Une carrière gouvernementale ne leur semblait pas suffisante. Ils partirent pour l'Angleterre, afin d'y faire leurs études de médecine. Farid bey avait tenu leurs comptes, quand ils étaient petits ; il avait traité avec les paysans qui louaient leurs terres. Il continua à le faire. Tous les mois, il leur envoyait de l'argent, par la mission scolaire pour l'essentiel, par des voies détournées pour le superflu. Les reçus, disait-il, étaient conservés dans un tiroir de secrétaire, chez sa mère, au village. On ne les retrouva pas. Distrait par ses réflexions théologiques et par son éternelle culture du papyrus, il avait pu les jeter. Il était également possible que le *'omdeh*, pour servir sa vengeance, eût trouvé ces reçus et les eût détruits.

Quand les jeunes médecins rentrèrent de l'étranger, le *'omdeh* leur suggéra de demander à leur frère aîné des comptes. Dans les tiroirs de sa mère, Farid ne trouva rien. Les deux frères prirent un avocat, exigèrent d'être remboursés.

— Comment auriez-vous pu vivre en Angleterre toutes ces années ? demanda Farid bey.

— Prouve que tu nous as envoyé de l'argent, répondirent les jeunes médecins.

Mais Farid ne possédait aucune preuve. Il fut ulcéré, il s'en voulut, en voulut à toute sa famille, au monde entier, puis il tomba malade.

Une nuit, il se mit à arpenter sa chambre. Il se sentait angoissé, il avait mal, très mal au cœur.

La mort qui voulait séparer Farid et Farida, les rapprocha. Comme s'ils avaient voulu jouir de toutes les nourritures terrestres le temps qui leur restait à vivre ensemble. Ils projetaient, depuis longtemps, de voyager en Allemagne. Ils prirent, pour l'occasion, des cours d'allemand à l'école du soir et décidèrent de partir l'été.

Mais cet été-là, il y eut la révolution, menée par ces Officiers Libres que l'on connaissait à peine, qui avaient été humiliés en 1948, lors de la première campagne de Palestine, celle qui consacrait l'Etat d'Israël. Le roi détrôné, que l'on tenait pour responsable de la défaite, entraîna dans sa chute la famille de Farida. Farida ne s'en inquiéta pas. Tous les malheurs paraissaient sans importance devant l'ombre de la mort qui menaçait son mari.

Cet été de l'an 1952, ils n'allèrent pas en Allemagne.

Farida pleura, cependant, quand le président libéra les Frères musulmans qui avaient assassiné *Aneshta*, son beau-frère, et leur donna, en public, l'accolade. Elle priait et pleurait pour que Dieu dévoilât au jeune Raïs, Gamal 'Adb el-Nasser, le vrai visage de ses ennemis, de ceux qui sèment la mort.

Farid et Farıda se passionnèrent de nouveau pour la culture du papyrus, comme s'il s'était agi de leur dernière chance. Un terrain était à vendre sur l'île Jacob, un autre sur l'île de l'Or. Le procès de ses frères avait laissé Farid moralement démuni, mais financièrement il était riche. La réforme agraire, le premier grand projet révolutionnaire mis à exécution, ne touchait que la famille de Farida. On limitait alors à deux cents *feddans* — quatre-vingts hectares — les grandes propriétés terriennes. Farid n'en avait pas tant. Et de Kasr-Hour, il était plus que jamais dégoûté. Il voulait liquider ses biens, calculer ce qui lui resterait à l'issue du procès, acheter des terres ailleurs, loin, très loin de Kasr-Hour.

Entre l'île Jacob et l'île de l'Or, Farid et Farida hésitaient encore. Dans leurs moments d'intimité, ils parlaient, en confidence, de ce qui se passerait après. Parce que pour eux, le temps s'était scindé en deux : il y avait ce temps très court d'avant la mort, et le reste du temps, vide, indéfini : la vie de Farida sans Farid.

— Habiteras-tu chez ton père ou bien chez ton frère ? demandait-il.

— Chez toi, criait Farida. Tes enfants seront maîtres dans ta maison.

— Et Rawheya ? Seras-tu bonne pour elle ?

— Elle sera la pupille de mon œil, ton souvenir en moi.

Puis ils s'efforçaient de vivre heureux le temps qui leur était compté. Pour les querelles de famille, cette sale histoire, ils engagèrent un avocat. Et Mu'ezza, qui vieillissait joyeusement, semblait leur dire :

— Soyez comme moi. Vivez heureux. Ne vous encombrez pas de ce qui étouffe la joie.

Ce dernier jour, Farid avait acheté deux billets de cinéma, pour la séance de dix-huit heures.

Ils firent une sieste. Ils prirent le thé sur la terrasse de Chafik. De là, ils pouvaient taquiner la petite Nada et sa tante, Mme Mare'i.

— A votre âge, dit celle-ci, vous n'avez pas honte de jouer encore les amoureux ?

Il la regarda d'un air moqueur tandis que Farida rangeait tout. Chafik interdisait qu'on utilisât son bout de terrasse. Quand elle rejoignit son mari dans sa chambre, elle le trouva déshabillé, couché. A nouveau, il ressentait cette angoisse, et ce mal, ce très grand mal au cœur.

Le médecin n'eut pas le temps d'arriver. Farida, assise au chevet de Farid, épongeait la sueur de la mort.

Des mois, des années, elle garda sur elle les deux billets de cinéma qu'ils n'eurent pas le temps d'utiliser.

Les deux familles accoururent, de la ville plus rapidement que de la Haute Egypte. Celle de Farida en premier, puis les jeunes frères de Farid bey, tristes et penauds, le *'omdeh*, la mère folle, les cousins de Haute Egypte accompagnés de leurs femmes, vêtues, voilées de noir comme les autres. Contrairement aux dames turques, qui défilaient en silence, comme des ombres, celles-ci se lacéraient le visage à coups de griffes et lançaient des lamentations qui invoquaient Allah en de longs cris stridents.

— Ya Lahouiiiiiii... ! Ya Lahouiiiiiii... !

Les murs renvoyaient l'écho de ces mille voix discordantes. Farida semblait pétrifiée, figée dans son mutisme. Et ces femmes, venues de Haute Egypte, de la voir ainsi, se lamentèrent encore plus.

— Comme est froid ton enterrement, mon fils, criait la belle-mère !

— Comme tu as été mal aimé, mon frère, criait la belle-sœur !

Les gens venus de Haute Egypte campèrent dans les deux appartements. Pour les servir, les sœurs et les frères de Farida mobilisèrent leur domesticité. Trois jours durant, à déjeuner et à dîner, il y eut de véritables banquets funéraires.

Puis au quatrième jour, après l'enterrement, il fut question de régler les affaires du défunt. Sous le coup de la douleur, les jeunes médecins renoncèrent à leur procès ; la mère déclara que l'argent de son fils lui brûlerait les doigts et la querelle de famille, qui avait provoqué la maladie de Farid bey, se termina dans un grand concours de générosité.

Le monde, un temps, changea de cours. Les enfants du premier mariage de Farid bey ne détestaient plus leur belle-mère. Moheb et Chafik ne quittaient plus la maison pour s'en aller à la recherche d'aventures.

Ils prièrent en famille, comme l'avait désiré le père. Le visage enfoui dans leurs tapis de prière, les deux bras tendus, ils cachaient leurs larmes et pensaient au saint homme, béni d'Allah.

Il fallait résoudre les problèmes de l'héritage, partager les biens mobiliers et immobiliers du père de telle sorte que les enfants du premier mariage n'eussent pas de biens indivis avec ceux du second. Une longue et délicate affaire. Farid bey était un homme aisé qui bénéficiait de surcroît d'une assurance, d'une pension.

Rawheya et son frère se montrèrent d'une exemplaire courtoisie. Le respect qu'ils témoignaient à leur belle-mère était aussi fort que l'avait été leur haine. Le frère devait hériter deux fois plus que la sœur, comme le voulait la loi musulmane. Farida bénissait le ciel d'avoir donné à la famille des hommes. Sans eux, il aurait fallu partager avec les oncles.

Rawya se rebiffa. On l'accusa d'impiété ; on lui parla du respect de la loi religieuse, la *Shari'a*. Son frère s'en faisait l'interprète.

Rawya était pieuse. On ne pouvait en douter. Elle était pieuse par éducation, par la grâce de toutes les prières passées ; des millénaires de piété religieuse faisaient d'elle une fille pieuse.

Elle chercha alors des explications dans les textes sacrés. Elle voulut les interpréter. Ils n'avaient jamais été commentés que par des hommes. Pour asservir les femmes.

On la fit taire, par crainte du sacrilège. On la fit taire, par peur du châtiment de Dieu. A tout prix, il fallait obtenir le silence de Rawya.

Mais Rawya n'acceptait pas que le monde entier, Allah lui-même, préférât le garçon à la fille. Elle ne voulait pas de la protection de son frère, devenu l'homme de la famille.

— La *Shari'a*, disait-elle, est une voie et non une loi. Sur une voie, il faut avancer. Sinon, on n'est pas fidèle au Prophète.

Elle essaya d'entraîner sa demi-sœur dans la révolte. Qu'avait donc trouvé Rawheya sous la protection de son mari ? La solitude ? L'hystérie ? Le désir désespéré de donner naissance à un garçon ? L'angoisse de tout perdre : époux, enfant et foyer ? Qui donc prêtait l'oreille à la plainte silencieuse de Rawheya ? Rawya voulait sa sœur moins soumise, moins résignée. Il lui fallait un autre recours que ces rites magiques pour guérir son mal d'aimer. Mais tous s'étaient ligués pour étouffer en elle la joie.

Rawheya qui priait Sayeda Zeinab et Sayeda Nephissa pour devenir la mère d'un garçon ne comprit pas le langage de Rawya. Il lui arrivait de vivre de fugitives lunes de miel. Un fils, pensait-elle, lui donnerait droit à l'amour et au respect. Un fils lui rendrait son mari pour de bon. Il redeviendrait le prince charmant dont elle avait rêvé. Il chasserait les ombres et les âmes errantes loin, très loin, et tout serait à nouveau lumineux. Rawheya voulait croire encore au bonheur, échapper à sa dépression. Les mots inconsidérés de Rawya pouvaient lui porter malheur. Pourquoi sa demi-sœur s'acharnait-elle à la tourmenter ?

Rawya n'eut pas d'alliée dans sa révolte.

LE VEUVAGE DE RAWHEYA

Il devint prince charmant, l'époux de Rawheya, mais dans la mort, dans le souvenir.

Lui aussi mourut d'une attaque.

Rawheya rentra avec sa fille au Caire, drapée dans la dignité de la veuve, toute de noir habillée, l'air triste et solennel. On crut qu'elle avait été heureuse et que seule la mort la séparait de son époux.

Depuis la mort de son père, elle ne vouait plus aucune haine à sa belle-mère. Après celle de son mari, elle éprouva une inconsciente reconnaissance à son égard. Farida l'avait forcée à vivre avec son époux. Grâce à elle, elle n'était pas une femme répudiée et la dignité du veuvage effaçait jusqu'à la honte de la mère adultère ; personne, excepté elle, ne paraissait plus s'en souvenir.

Elle commençait ses discours par ces mots :

— Mon père ! Mon mari !

Elle disait l'importance de son père et celle de son mari, et son discours se prolongeait indéfiniment, dans l'incohérence, dans la démence.

— Mon époux souhaitait ne jamais vieillir et la mort l'a fauché jeune et beau, disait-elle.

Et l'image de cet homme jeune et beau peupla ses rêves dès le lendemain de son enterrement. La première fois, quand il lui apparut dans son sommeil, elle lui demanda :

— Pourquoi n'as-tu pas su m'aimer ?

Lui répondit :

— Je ne le sais pas moi-même. Un démon, peut-être, m'en empêchait.

On aurait dit qu'il était là, devant elle, proche à le toucher. Rawheya n'avait jamais fait un aussi beau rêve... Elle en oublia l'amertume d'un mariage manqué.

Et les rêves se multiplièrent. Quand elle se sentait malade, l'époux lui apparaissait, la prenait par la main, l'emmenait chez le médecin. Elle se réveillait guérie. D'autres fois, il la promenait en felouque, sur le Nil, au clair de lune, ou en bateau, jusqu'en Europe.

— Cet homme n'a pas la conscience tranquille, disait-elle à sa voisine. Il souffre de m'avoir laissée seule.

Elle n'organisait plus de *zar* pour exorciser son mal.

— Son ventre s'est calmé, disait-on.

Mais ce n'était pas vrai. Son rêve lui suffisait. Son rêve et la prière. Elle pria donc, elle jeûna, elle fit l'aumône comme une bonne musulmane ; et elle se couvrit les cheveux d'un voile noir.

La somme qu'elle hérita n'était guère importante, et sur cette somme, il lui fallut encore donner leur part aux hommes. Car ils vinrent, d'Alexandrie et de Qena, de Paris et de Londres, ces cousins inconnus de la branche mâle de l'arbre généalogique familial, *le 'açab*. Ils vinrent, comme des oiseaux affamés, avides. Ils réclamèrent leurs droits, puis ils s'envolèrent en oubliant qu'ils avaient aussi des devoirs envers la veuve.

Rawheya ne voulait vivre chez personne. Avec ce qui lui restait d'argent, elle loua un appartement dans un immeuble construit sur le terrain de la grande pépinière. Sa voisine chrétienne, la brave veuve, quitta le Saïd et se logea non loin d'elle, dans le beau quartier d'El-Orman, cet immense jardin des bords du Nil, parsemé de belles villas et de palais de princes et de princesses.

Elle fit stériliser la fille de Mu'ezza. Rawheya disposa une table devant chaque fenêtre, pour qu'elle pût y grimper et observer la rue, ou l'escalier de service, comme le faisait sa maîtresse. Le pauvre matou qui venait faire sa cour, la chatte le renvoyait : le dos soulevé, la queue recroquevillée, le cri rauque et coléreux, le regard de flamme, elle prenait son élan et se jetait contre la vitre : elle lui signifiait ainsi que de son côté de la fenêtre donnant sur les cuisines s'étendait son domaine à elle et que jamais, jamais, il ne saurait y entrer.

Ce domaine, interdit à tout mâle. Elle et sa maîtresse, d'un commun accord, dignes et solitaires.

— Pourquoi couvres-tu tes cheveux, Rawheya ?

— Pour être une bonne musulmane, disait Rawheya.

— Mais voilée de la sorte, tu ressembles aux nonnes coptes qui vivent dans le Vieux Caire.

Rawheya donnait alors une autre raison.

— La pudeur, disait-elle, exige que tu te couvres.

— Rawheya, tes cheveux gris tissés de fils blancs inspirent le respect aux hommes.

Mais Rawheya ne redoutait pas seulement les hommes. Elle craignait encore les anges déchus. Son amie chrétienne lui avait parlé de saint Paul et de l'enseignement qu'il donnait aux femmes de son temps. Elle lui avait parlé de ces démons qu'attiraient les belles chevelures et qui apportaient le mal et le déshonneur dans les familles.

— Il ne faut pas tenter les anges, disait Rawheya.

Et Rawya scrutait sur le visage de Rawheya les traces d'un désespoir menaçant, cette peur de regarder quiconque en face, mais toujours de biais, comme pour se protéger et cacher l'œil aveugle, perdu en même temps que sa mère, la femme adultère.

Et Rawya avait envie de couvrir son visage d'un voile fait de baisers, comme autrefois, lorsqu'elle était enfant.

Et ne parlait plus à Rawheya ni de Dieu ni des hommes.

LES GRANDS BOULEVERSEMENTS

Les jumeaux, Moheb et Rawya, s'orientèrent vers deux voies totalement opposées. Moheb détestait Mokhtar. Mokhtar lui prenait sa sœur et dérangeait l'ordre de son univers. Le pieux adolescent, puis l'adulte qui venait de découvrir le pouvoir de l'argent ne pouvait s'entendre avec un militant communiste.

Quand, après la Révolution, un président égyptien remplaça le roi albanais, le fossé entre Moheb et Mokhtar se creusa davantage. Mokhtar nourrit l'espoir de noyauter le nouveau pouvoir militaire. Moheb vit le prestige de sa famille turque disparaître et le monde occidentalisé, qui le distinguait des masses populaires, s'écrouler. Mokhtar construisait un avenir. Moheb cherchait à sauver les résidus d'un passé prestigieux.

On surnommait alors le nouveau président Jimmy, parce qu'il était l'ami des Américains. Comme eux, il dénonça les communistes, ces diables rouges. Il poussa les Frères musulmans à la lutte sacrée contre ce fléau de la société. Et Moheb abondait dans leur sens.

Deux ans plus tard, Mokhtar, jugé trop ambitieux, fut emprisonné une première fois. Moheb l'aima alors douze mois entiers, le temps de son absence. Il en vint à prier Allah avec sa mère pour que le président reconnût ses vrais ennemis : les Frères musulmans, ces assassins d'*Aneshta*.

Les membres de la confrérie exerçaient un pouvoir moral. Ils voulaient encore noyauter et coloniser les Officiers Libres. A leur tour, ils furent déçus. Un jour, sur la place de la Manchieh, à Alexandrie, l'un d'eux attenta à la vie du président et le manqua. Ce fut le signal d'une nouvelle répression des Frères.

Farida vit en ces événements un signe du ciel. Moheb l'avouerait à peine : il fut heureux quand Mokhtar sortit de prison ; leur petite guerre reprit avec entrain, presque avec joie. Moheb l'avouerait encore moins : il fut heureux de voir les Frères musulmans à leur tour emprisonnés : il craignait leur pouvoir et les représailles encourues par les déserteurs. Il eut beau se dire qu'il ne s'était jamais engagé dans leurs rangs, qu'il ne fut jamais qu'un sympathisant, la peur l'habitait. On ne raisonne pas avec la peur.

Leur petite guerre s'envenima rapidement quand Mokhtar se vanta de n'avoir pas dénoncé le chef du parti. On l'avait pourtant torturé, disait-il : trois mois seul dans un cachot ; des cigarettes brûlantes sur la plante des pieds. Le président avait admiré sa résistance :

— En voilà un qui s'est montré un homme !

Moheb, qui n'avait pas eu son courage, ne pouvait longtemps aimer ce Mokhtar. Et sa sœur jumelle qui étalait publiquement son engouement pour lui :

— J'épouserai un héros, disait-elle.

Elle annonçait à qui voulait l'entendre qu'elle se marierait contre le gré de son frère, mais comme les premières suffragettes, la 'isma en main : elle aurait le droit, comme un homme, de répudier son partenaire.

Telle une danseuse ou une actrice riche, Rawya voulait donc s'offrir un homme et s'en séparer selon son caprice ! Ce Mokhtar qui se montrait prêt à se plier aux volontés de Rawya n'était, pour Moheb, qu'une femmelette !

114

La deuxième guerre contre Israël, celle de 1956, sonnait le glas des espoirs de Moheb.

Quand son père avait quitté le village pour la ville, habillé d'un costume anglais et d'un tarbouche turc, le pays était aux mains des Turcs et des Anglais. Les Turcs furent lentement débordés par la masse des *effendis* et des militaires. Les Anglais en avaient assez de ce jeune président qui se croyait tout-puissant et nationalisait *son* canal, celui de Suez, pour financer un haut barrage, celui d'Assouan. Soutenus par les Français et les Israéliens, ils envahirent le pays. Mais les Russes et les Américains les forcèrent à l'évacuer.

La période dite du néo-colonialisme commençait.

Les Russes financèrent la construction du haut barrage. Ils devinrent tout-puissants en Egypte. Et Mokhtar le communiste fut nommé conseiller du président.

Moheb en devint fou d'amertume et de jalousie. Lui ne trouvait pas dans son pays la place qui semblait devoir lui revenir depuis l'enfance. Il en tenait rigueur à Mokhtar. Avec ce régime militaire teinté de socialisme, quelle chance pouvait-il avoir de s'enrichir ?

Et Moheb refusa avec entêtement son consentement au mariage de Rawya. Il dit à Farida qu'il ne saurait donner sa sœur à un homme sans foi, amoureux du pouvoir. S'allier à un athée était chose impossible. Farida, qui n'était pas pressée de se séparer de Rawya, ne le contredit pas.

Mais Rawya en avait décidé autrement. Elle nargua son frère avec Mokhtar. Elle prit en public des libertés compromettantes. Ses gestes et ses paroles défièrent les contraintes qu'on lui imposait. Paraître s'y conformer eût été pour elle le comble de l'humiliation. Elle fit semblant d'aller loin sur les chemins de l'amour interdit. Elle ne faisait que jouer avec les apparences de l'amour. Mokhtar, d'ailleurs, n'aurait jamais songé lui demander davantage que de tendres attouchements. Mokhtar était un homme de la Haute Egypte. Il avait le sens de l'honneur.

Moheb ne connaissait pas leurs cercles d'amis : des étrangers venus pour planifier avec Mokhtar l'économie du pays ; des intellectuels de gauche qui se rencontraient dans les salons, les librairies, les ciné-clubs, les cafés ; des égyptologues qui se hasardaient avec leurs jeeps et leurs boussoles sur les pistes du désert à la recherche d'un temple oublié ; ils partaient avec ceux-ci les jours de congé. L'hiver, quand le soleil était à son midi, il leur arrivait de creuser un lit dans le sable chaud et de s'y enfoncer avec volupté. L'été, ils allaient sur les plages d'Alexandrie, s'éclaboussaient, nageaient loin des regards curieux, s'enlaçaient au cœur des vagues. Et les nuits de ramadan, ils se promenaient dans les venelles du Khan el-Khalil qui restaient illuminées, jusqu'au *sohour*, ce repas qui précède l'aube d'un nouveau jour de jeûne ; ils se joignaient aux badauds de la place de Sayedna el-Hossein, assistaient aux spectacles de rue : l'homme qui avalait du feu, et celui qui portait des poids lourds, et les danseurs qui simulaient, avec leurs bâtons, l'éternelle guerre des frères ennemis. Mokhtar offrait à Rawya quelques friandises populaires ; des cacahuètes ou des pois chiches enrobés de sucre, de la *belila*, bouillie de blé garnie de raisins secs et de noix de coco râpée... Au cœur de ce bazar médiéval, il y avait le café Fishaoui qui avait abrité les révolutionnaires de 1919. Ils retrouvaient là leurs amis. Ensemble, ils bâtissaient un avenir. Mokhtar jouait avec les ficelles du pouvoir, mais il croyait à l'utopie d'un monde juste. Quand il parlait, il créait un univers de rêve dans lequel il n'y aurait ni riches ni pauvres, où les hommes et les femmes seraient égaux. Et Rawya, éblouie par ces grandes visions de monde nouveau l'écoutait jusqu'à l'aube d'un autre jour de jeûne, avec beaucoup de gravité.

Puis il y eut cette nuit de réveillon. Rawya et Mokhtar allèrent de fête en fête. Ils dansèrent, ils valsèrent jusqu'au vertige, ils continuèrent à danser comme si leurs deux corps ne pouvaient plus se détacher l'un de l'autre. Ils ne se disaient rien, ou bien ils se disaient qu'ils n'attendraient plus pour se marier, qu'ils se marieraient le lendemain même, dans le secret, puis ils quittèrent leurs amis, ils s'en allèrent dans le désert, du côté des pyramides. Les premiers rayons du soleil couvrirent le sable de cette éternelle poudre d'or. Ils dansèrent encore. Puis ils se séparèrent. Pour quelques heures seulement. Après, ils se marieront.

Les visiteurs de l'aube attendaient Mokhtar à la porte de sa maison, menottes en main. Ce premier jour de l'an 1960, Mokhtar fut emprisonné par ce président qui lui avait donné sa confiance.

Et les mois s'écoulèrent sans amour pour Rawya.

Pour Moheb, la situation ne changeait pas ; elle demeurait sans issue. A l'intérieur du pays, un régime de terreur. A l'extérieur, des menaces de guerre. A peine était-on sorti d'une deuxième campagne contre Israël que l'on préparait la troisième. Les peuples de la région semblaient enfermés dans un sac de jute comme s'ils étaient des rats secoués par un vizir malhonnête. Ils s'entretuaient avec d'autant plus d'ardeur qu'on leur avait jeté une proie de taille : un Dieu qu'ils déchiraient en lambeaux. Moheb croyait encore qu'il voyait plus clair que le commun des mortels, qu'il possédait un peu le pouvoir du chat. Ces haines religieuses lui semblaient dépourvues de sens. Juifs, musulmans et chrétiens étaient des « gens du Livre ». Ils devaient apprendre à vivre ensemble.

Moheb se découvrit donc un sentiment de tolérance qui répugnait à la perspective d'une autre guerre. Son Dieu unique ne pouvait devenir un Osiris dépecé ou un Christ recrucifié.

Ses nouvelles convictions et son désir de faire fortune l'incitèrent alors à quitter son pays et à partir vers le Nouveau Monde.

Ce fut au cimetière qu'il fit part à sa famille de sa résolution.

Les jumeaux ne connaissaient pas encore la Cité des Morts. Ils n'y avaient jamais accompagné ni leur père ni l'époux de Rawheya. Pourtant, Om'Abdou avait entretenu chez eux un certain amour pour le mystère de ces lieux. Elle y allait souvent voir sa famille et la tombe anonyme de ses enfants disparus. Elle portait alors sur la tête une corbeille remplie des restes des repas. Quand les petits de Mu'ezza se multipliaient trop, elle les mettait dans un panier en vannerie d'Assiout. Là-haut, au cœur de l'Arafa, elle ouvrait le couvercle, lâchait les chatons et distribuait les nourritures aux pauvres et aux bêtes. Elle disait :

— Il suffit de donner à un âne les écorces d'un melon pour nourrir ses morts de ce fruit merveilleux et de jeter quelque aliment à un chat pour soulager les morts de leur faim.

Les jumeaux imaginaient qu'elle partait à la rencontre des âmes afin de les nourrir et de les réconforter par ses prières.

Moheb et Rawya se rendirent à la Cité des Morts dans une luxueuse Chevrolet conduite par le chauffeur de leur oncle.

Chemin faisant, ils discutaient de leurs problèmes d'héritage. Le spectacle de la pauvreté les surprit. Toute une population de miséreux regardait passer ces riches bourgeois et leur superbe voiture.

Le chauffeur, sans doute pour montrer aux jumeaux le spectacle d'un monde qu'ils ne connaissaient pas, se plut à s'égarer dans les venelles cachées derrière les grandes artères de la ville, là où il n'y a même pas de place pour un brin d'herbe. Il s'annonça à coups de klaxon pour qu'on lui laissât le passage. On déplaça un four ambulant chargé de patates douces, une charrette de tomates, un cheval affamé et sa maigre botte de foin, des enfants portant sur les bras des nourrissons. Les jumeaux se sentirent honteux dans leur cage en tôle rutilante, trop voyante avec ses garnitures chromées, criardes. Ils voulurent continuer à pied. A pied, ils auraient été aussi insolites, à cause de leurs chaussures cirées, de leurs mains propres, de leurs vêtements occidentaux... Ils y renoncèrent.

*
**

Devant le choc de la pauvreté, leur imagination vagabonda sur deux voies opposées.

Rawya regardait les femmes nettoyer les marmites sur le pas de leur porte avec la cendre des fours, nourrir leurs bébés d'un lait aussi pauvre qu'elles-mêmes, entourées d'enfants démunis. Elle en fut révoltée. Elle sentit monter en elle, comme faisant écho au cri de Rawheya, les voix étouffées d'une population grouillante : des voix de petites filles, des voix d'adolescentes, douloureuses, sans autre avenir que la perspective de mettre des enfants au monde, des garçons, beaucoup de garçons.

Lui imagina ce qu'ils pourraient faire avec de l'argent. Dans un élan de générosité, il dit à sa sœur :

— Si je devenais riche, je transformerais ce quartier.

Rawya eut un sourire désabusé :

— Tu deviendras riche. Mais tu garderas tout pour toi. Tu auras besoin d'encore plus d'argent.

Ses vêtements occidentaux, la luxueuse Chevrolet la dégoûtaient parce qu'elle se sentait riche, trop riche, quoique deux fois moins que son frère, complice d'un monde de rapaces qui dévorent tout, exigent encore plus, font fi de leurs devoirs les plus sacrés, ceux que son père, l'homme pieux, répétait dans ses prières quotidiennes : pourvoir aux besoins des pauvres, des femmes, des orphelins. Et sa colère se retourna contre son frère qui l'irritait parce qu'elle ne voyait plus ni sa beauté ni la petite lueur qui brillait dans ses yeux, mais rien qu'une certaine manière de se tailler la meilleure part. Et les mots de Mokhtar qui promettaient un monde juste

119

se mirent à scintiller pour elle, en lettres d'or, et sa voix qui les répétait s'éleva forte, puissante, pour dominer celle de son frère.

Ils arrivèrent dans les rues paisibles de la Cité des Morts. Ils se dirigèrent vers le tombeau de leur père. Là, il y avait des fleurs, un véritable mur de bougainvilliers, un arbre porteur de goyaves, un autre lourd d'oranges et de jeunes colombes qui échangeaient des confidences. Et au cœur du jardin intérieur, un sycomore.

Ils firent connaissance des lieux et de leur gardienne, la sœur d'Om'Abdou. Ils se recueillirent devant leurs morts. Un instant, le silence parut s'installer, Moheb le brisa vite. Ce que disait sa sœur était dépourvu de sens ; comme les idées de Mokhtar ; de la sentimentalité. L'important demeurait de faire de l'argent, ne serait-ce que pour effacer toute cette pauvreté. Sa décision était prise. Il romprait ses amarres, mettrait une croix sur son enfance. Plus jamais il ne reviendrait dans ce pays où il n'avait pas sa place, où les choses s'en allaient à la dérive. Ses actions étaient dévaluées ; ses terres rapportaient moitié moins. Il vendrait tout avant d'être entièrement dépossédé ; l'argent, il le placerait, par des voies détournées, dans des banques étrangères. Il n'avait pas d'autre issue et il conseilla à Rawya d'en faire autant. Lui partirait le premier. Sa mère et sa sœur suivraient, puis le reste de la famille.

Rawya laissa son frère soliloquer. Mais quand il déclara son intention de liquider les biens de Farida, elle s'emporta. On ne pouvait déraciner sa mère. Quant à elle, il n'était pas question de placer son argent dans des banques étrangères. D'ailleurs, le peu qu'elle avait, moitié moins que son frère, ne l'intéressait pas. Il lui brûlait les doigts.

Tard dans la soirée, le chauffeur les raccompagna à travers les mêmes venelles grouillantes. Les jumeaux, eux, avaient triste mine. Pour rester fidèles à leur habitude, ils se disputaient encore, jusque dans ce temple de la pauvreté, enfermés dans leur rutilante voiture aux garnitures chromées, brillantes comme le sont les étoiles lointaines, comme peut l'être l'argent inaccessible aux pauvres, un argent maudit.

LA RUPTURE

Moheb prit longtemps à mettre sa décision à exécution. Il avait du mal à se séparer des lieux de son enfance. Il vendit en premier ses terres de Kasr-Hour, cette boue précieuse, la Terre Noire, l'Aimée des dieux. Cette baraka d'Allah trouva vite preneur. Il n'eut pas le temps de liquider le reste : ses papiers d'exilé étaient prêts. Alors il fit à Rawya une procuration, un testament. Partir lui semblait plus grave que mourir.

Il dit à sa mère qu'il lui construirait une maison, là-bas, dans le Nouveau Monde. Pour lui en donner la preuve, il emporta avec lui les plus beaux meubles de la maison, tout ce qui témoignait du passé : un paravent en bois tourné, un bahut incrusté de nacre, un tapis persan, un portrait du Fayoum, un chat en bronze vieux de trois mille ans... Il ne prenait qu'un lambeau de son enfance. Et son cœur, qui battait d'angoisse devant l'inconnu, saignait de s'arracher à tout ce qu'il laissait derrière lui.

Rawya resta avec sa mère dans cet appartement amputé où chaque pièce laissait un vide difficile à combler, comme autant de bouches béantes qui comptaient les absents. Il n'y avait rien pour la consoler, même pas Mu'ezza, car Mu'ezza, sentant l'atmosphère des départs, s'était réfugiée dans la pépinière voisine pour y mourir seule.

Mokhtar, d'abord condamné aux travaux forcés à Abou Za'bal, fut envoyé dans les oasis de Khargah, plus sévèrement gardé par les vastes étendues sans eau que par les barres de fer... Rawya vécut à l'affût de ses nouvelles, angoissée, lorsqu'elle pensait aux tortures qu'il avait subies, qu'il pouvait encore subir. De longues nuits d'insomnie, elle ressassait des souvenirs. Elle se révoltait contre son frère qui l'avait empêchée d'aimer, contre la dictature qui disposait des hommes. Elle s'activait avec toutes les épouses des prisonniers pour ameuter l'opinion internationale. Il fallait que des quatre coins du monde l'on envoyât des lettres de protestation. Elle s'épuisait. Pour se reposer, elle se réfugiait dans le désert. Ou bien elle écoutait les interminables discours de sa sœur Rawheya qui n'en finissait pas de parler de ses soucis quotidiens, de son bonheur passé, de Dieu et des anges...

Luttant contre les larmes et la dépression, Rawya avait par bonheur un travail pour combler le vide laissé par les absents.

*
**

Car elle avait trouvé une place dans un quotidien arabe. Elle était devenue rédactrice, responsable de la rubrique Femme.

*
**

Moheb avait également trouvé un emploi dans son désert de neige. Il meubla un studio avec ce qu'il avait pris de l'appartement d'El-Orman. Il se fit des amis, des exilés comme lui, et d'autres qui ne l'étaient pas ; mais son cœur ne se détacha jamais des lieux de son enfance.

Il avait pris la précaution d'emporter avec lui la clé de l'appartement d'El-Orman. Il la rangea soigneusement dans le tiroir de son bureau. Cette clé lui donnait un sentiment de sécurité. De temps à autre, il la sortait, il la caressait. Elle provoquait chez lui une nostalgie, le rêve d'une présence, celle d'une mère dévouée et d'une sœur indépendante, pétrie de culture, d'humour, d'intelligence, dont la beauté n'avait d'égal que celle des chattes.

Aux étrangers qui partaient pour son pays, il parlait de Rawya et de sa mère. Et ces nouveaux amis imaginaient que l'Egypte éternelle, peuplée de déesses, existait encore.

Moheb était parti avec l'intention de couper les ponts avec son passé, de recommencer une vie nouvelle. Mais dès la première année, il caressa, presque sans se l'avouer, le projet de faire marche arrière et de revenir dans le pays de son enfance.

Il rentra une première fois. Les personnes et les lieux qu'il avait quittés ne correspondaient plus à son rêve. Sa famille lui sembla vieillie, sa maison abandonnée, Rawya trop occupée à courir des quartiers les plus pauvres aux résidences d'hommes d'Etat pour écrire ses articles...

Seul, il s'en alla à la recherche de son enfance. Il vit des hommes et des femmes qui se méfiaient les uns des autres, craignant l'œil et l'oreille de l'espion chez le meilleur ami. Les lieux de ses rendez-vous galants, Lappas, Flückigger, Groppi, nationalisés, étaient devenus tristes. Ils lui parurent sombres, usés, fréquentés par des ombres qui ne le concernaient pas. Alexandrie même, privée de ses colonies étrangères, lui sembla morne. Les deux villes, qui regorgeaient autrefois d'objets de luxe, s'étaient appauvries. Leurs grands magasins, Cicurel, Châlons, Shemla, Sednaoui, nationalisés, n'exposaient plus que des produits locaux de mauvaise qualité.

Moheb supporta mal les inconvénients de la vie quotidienne, jusqu'à ces allumettes qui ne lui donnaient pas de feu !

Au désenchantement d'un premier retour se mêla un nouveau sentiment de jalousie. Sa sœur avait trouvé sa place dans le pays.

La crainte de ne plus pouvoir repartir étouffa son désir de

tenter encore une fois sa chance. Obtenir un visa de sortie n'était pas chose facile.

Il fit d'abord les démarches nécessaires pour qu'on l'autorisât à retourner dans ses déserts du nord. A sa mère qui espérait l'accompagner, il dit qu'il ne saurait encore en prendre la responsabilité, que sa situation dans le Nouveau Monde restait précaire, qu'on ne pouvait laisser Rawya seule. Et puis, il n'était pas sûr que sa mère s'accommoderait de sa vie de célibataire. Peut-être devrait-il d'abord se marier ?

Quand il obtint son visa de sortie, son congé était écoulé. Il repartit sans prendre le temps de réfléchir, avec cet étrange sentiment d'être un traître à son pays.

Peu de temps après, on le revit dans la petite rue qui unit le Nil à la grande artère desservie par le tram jaune. Ses fugues à l'étranger ressemblaient à celles de Mu'ezza : il pouvait errer à sa guise de par le monde ; il revenait, comme par instinct, à son domaine.

Le trop grand respect que montrait Farida pour les décisions de Moheb irritait Rawya et la chagrinait profondément. Elle évitait d'en parler pour ne pas en pleurer ou pour refouler cette boule d'angoisse dans la gorge. Rawya n'y pouvait rien. Rawya n'était plus une enfant. Elle devait comprendre. Moheb était l'homme, le soutien de Farida et tout ce qu'il décidait était pour elle sacré. Elle obéissait, disait qu'elle était trop vieille pour se remarier, qu'elle le rejoindrait un jour dans ses déserts de neige, qu'elle emmènerait Rawya avec elle. Cette tête brûlée voulait encore attendre son Mokhtar.

Farida s'accrochait à Moheb. Elle aurait pu épouser le meilleur ami de Farid, vivre heureuse et digne dans l'appartement d'El-Orman qui aurait conservé tout son luxe d'autrefois. Mais les conseils de Rawya étaient de peu de poids, rien que du vent.

Rawya, cette jeune fille pourtant si tendre, devint agressive et même cruelle envers sa mère. Le jour où Farida promit à Moheb le solitaire de douze carats pour celle qui serait sa fiancée, Rawya évoqua le souvenir de la femme adultère ; elle dit à sa mère qu'elle avait usurpé la place de Zakeya, qu'elle ne s'était jamais souciée du sort de l'autre, répudiée sans témoin oculaire de la faute commise ; les textes sacrés disent qu'il en faut quatre, des hommes bien entendu ! Rawya était certaine que son père s'était fié à des rumeurs. Ce solitaire que Farida portait à l'annulaire revenait de droit à Rawheya. Comment osait-elle le promettre à Moheb pour sa fiancée ?

Devant l'agressivité de sa belle fille Rawheya et de son frère Chafik, Farida avait été ferme. Celle de Rawya la laissa sans défense. Elle se vit dans le regard de Rawya et se trouva laide. Hideuse.

Moheb, qui se faisait inviter partout comme l'enfant prodigue et rentrait tard, sur la pointe des pieds, savait se faire pardonner. Un baiser furtif, un regard enjoué suffisaient à rassurer Farida. Elle se redressait alors, comme pour rejeter le poids des ans.

— Droite, maman, disait-il ; tu es belle. Souris, maman, je veux voir la petite lueur dans ton œil.

Il la tirait vers sa table de toilette, la forçait à se farder : du fond de teint, du rouge sur les joues, un coup de brosse, une robe fraîche et le nombre des années s'évanouissait. Il lui montrait la photo de mariage suspendue au-dessus de son lit :

— Regarde, maman. Tu n'as pas changé !

Et il partait, laissant derrière lui comme une bouffée de tendresse.

Farida se sentait à nouveau jeune. Dans cette chambre à coucher dont la fenêtre s'ouvrait sur un escalier de service peuplé de bruits de chats et d'odeurs de cuisine, elle revivait dans le souvenir. Elle souriait à son époux comme sur la photo de mariage accrochée au-dessus de son lit ; lui et elle habillés d'un frac et d'une robe blanche.

Moheb repartit. Cette fois, il fit promettre à Rawya de rapatrier son corps au cas où il mourrait dans ses déserts de neige et pour son retour éventuel, il s'assura que l'appartement d'El-Orman serait loué à son nom.

Tout retomba dans le calme quotidien. Et la tristesse du vide laissé par les meubles partis avec Moheb semblait servir de fond aux ombres des absents. Farida et Rawya attendaient.

Superstitieuse Farida. Le solitaire de douze carats, elle n'osa plus le porter. Il lui semblait voir, dans la transparence de la pierre, le mauvais œil de la femme adultère.

LA VIE DE RAWYA ET LA MORT DE RAWHEYA

Mokhtar passa cinq années en prison, puis il fut libéré à l'occasion de la visite du chef des Soviets, pour des raisons de santé, dit-on. On ne le jugea pas, pour ne pas avouer son innocence. On le gardait ainsi à l'œil.

On le plaça à la tête d'une maison d'édition nationalisée.

Moheb était absent.

Rawya et Mokhtar s'empressèrent de se marier, sans cérémonie, dans la plus stricte intimité. Le pays était pauvre, la guerre menaçait, les gens vivaient encore dans la terreur : les temps ne se prêtaient pas aux festivités.

Avec ses maigres économies, Rawya acheta un appartement dans un nouvel immeuble en cours de construction sur le terrain de la pépinière, près de celui de Rawheya. Elle le meubla avec amour.

Elle ne prit rien chez sa mère parce que les murs dépouillés de leurs objets lui paraissaient trop tristes, parce qu'elle refusait d'augmenter le nombre de bouches béantes qui n'en finissaient pas de compter les absents.

La fille du persan bleu s'installa dans le nouvel appartement avec Rawya et Mokhtar. Cette chatte à l'impressionnant
pedigree s'accoupla avec un bâtard d'Alexandrie. On donna
les petits, à l'exception du plus beau, d'un noir de jais, aux
yeux jaune-orangé, couleur d'or et de soleil ; on aurait dit
deux astres surgissant de la nuit. On l'appela Coquelicot. Il
n'aurait pas dû fauter avec sa mère ! Deux chats qui
mangeaient de la viande tous les jours représentaient, pour un
jeune ménage, une considérable dépense. Rawya ne pouvait
en adopter d'autres. Alors on stérilisa Coquelicot et il se mit à
grossir ; il finit par ressembler à une panthère noire.

Rawya se contentait de ses deux chats. Elle ne voulait pas
d'enfant.
— Il y en a assez sur terre qui n'ont pas demandé de naître,
disait-elle. Il faut être tout à fait inconscient pour en faire
encore.
Mokhtar n'insista pas. Sa carrière politique ne lui permettait pas d'assurer la sécurité à une famille. Au fond
d'eux-mêmes, l'un et l'autre espéraient pourtant que l'enfant
viendrait par erreur, qu'il s'imposerait à eux. Un jour, quand
ils mesurèrent l'ampleur de leur déception, ils décidèrent de ne
pas trop tarder et d'en faire un, pour leur plaisir, pour la joie
de leurs jeunes et de leurs vieilles années. Rien qu'un seul
enfant. Et tout ce qu'ils avaient dit auparavant de l'inconscience des parents et de la surpopulation dans un monde de
misère n'eut plus de sens. Farida, qui ne voulait pas mourir
avant de voir le fils de Rawya et, si Dieu l'aimait assez, celui
de Moheb, dut se contenter d'une petite fille, puis d'une
deuxième.

Deux filles ! On aurait dit qu'elles insufflaient à Rawya le
feu sacré ! Elle participa à d'innombrables commissions. Elle

milita pour changer les lois du statut personnel de la femme. Elle n'aboutissait à rien. Pourtant, elles étaient nombreuses celles qui s'imposaient. Dans le monde du travail, aucune loi n'arrêtait leur ascension sociale. Cependant, les privilèges des hommes concernant le mariage, le divorce, l'héritage... demeuraient.

Cette question préoccupait tant Rawya qu'elle chercha une réponse auprès des lecteurs de son journal, des cheikhs d'El-Azhar, dans les textes du Coran ; elle s'adressa même au président de la République qui lui répondit :

— Nous avons d'autres soucis. Nous ne saurions mener toutes les guerres de front.

Rawya se doutait bien qu'il craignait encore ces Frères musulmans qui avaient tenté, jadis, de l'assassiner. Pour eux, tout modernisme était suspect, ressemblait à un blasphème, portait la marque de l'Occident colonisateur, appelait le châtiment de Dieu et le châtiment de Dieu s'était lourdement abattu lors de la troisième campagne contre Israël, l'humiliante guerre dite des Six Jours, celle de 1967, un châtiment bien mérité par le peuple d'Egypte qui s'était écarté de la voie ; la *Shari'a*, cet ensemble de lois d'inspiration divine devait désormais régir toute la société ; Allah ne promettait la victoire qu'aux croyants.

Pour Rawya, il n'était pas question de renoncer au modernisme. Elle en devint agressive dans ses écrits. Elle s'en prit aux cheikhs d'El-Azhar. Au nom de l'islam et du malheur de Rawheya, elle osa parler de la femme adultère ; au nom de toutes les filles mal aimées, elle toucha au sujet sacro-saint de l'héritage. Elle dénonça l'hypocrisie des musulmans qui, plutôt que de soulager la misère de leurs coreligionnaires, plaçaient leur argent dans les banques étrangères et dilapidaient l'héritage de la terre. Elle dénonça les hommes qui s'accrochaient à leurs privilèges et applaudissaient, ouvertement ou en secret, les islamistes les plus réactionnaires. Elle s'attira même la colère des chrétiens quand elle publia cette anecdote :

— Un jour, Napoléon voulut appliquer son code aux

131

chrétiens d'Egypte. Une délégation — formée d'hommes, bien entendu — osa protester.

— Nous avons vécu heureux avec les musulmans, dirent-ils à Napoléon. Pour le mariage et le divorce, nos coutumes sont différentes et respectées. Pour le reste, nous ne voulons rien changer, les lois de l'héritage encore moins que les autres !

On lisait beaucoup les articles de Rawya. Bon nombre de ses lecteurs espéraient que, enfin, les lois qui soumettent la femme à l'homme changeraient.

Le président Nasser mourut. Anouar el-Sadate lui succéda en automne 1970. Il encouragea les Frères musulmans que Nasser avait tant redoutés à s'exprimer.

Les hommes de la vallée du Nil, désespérés aux lendemains de la troisième campagne contre Israël, se ruèrent sur les mosquées, tandis que d'autres remplissaient les églises.

Ce fut alors qu'un cheikh bien intentionné conseilla à Farida de surveiller les écrits de sa fille pour éviter que la foudre du ciel ne s'abattît sur elle et sur le pays. Allah avait promis à son peuple la victoire, mais Israël l'humiliait, occupait ses terres au Sinaï, parce que des musulmans qui se croyaient pieux, comme Rawya, avaient oublié la moitié de la parole d'Allah !

Farida prit peur.

Elle se mit à lire le Coran et les textes de la tradition avec une scrupuleuse attention. Pour prier, elle se leva à l'aurore avec le chant du coq. Elle surveilla les mouvements du soleil. Quand il montait à l'horizon, quand il était à son midi, quand il déclinait, elle priait. A la tombée de la nuit, avant d'aller, à son tour, se coucher, elle priait encore une fois. Elle se purifia avant chaque acte d'adoration, avec toutes les précautions requises. Farida, qui autrefois avait admiré les suffragettes, se voila ; on ne vit plus de sa personne que son visage et ses mains. Le corps d'une femme, lui disait l'autorité religieuse, est un organe sexuel. Il est l'arbre du péché. Il faut en détourner le regard des hommes ; la pudeur l'exige. Et Farida s'enterra.

Sa fille ne lui obéissait plus. Mais elle pouvait prier pour que Dieu la protégeât des tentations du démon.

Farida s'installa chez Rawya. Préoccupée par la prière et par ses petites filles, elle en oubliait qu'elle avait promis, un jour, de rejoindre Moheb.

Moheb ne revenait plus qu'à l'occasion d'un deuil, d'un héritage. Chafik mourut, criblé de dettes. Il avait même emprunté de l'argent à Rawheya.

— Pour consulter les médecins, avait-il dit. Je te le rendrai à la saison des blés.

La saison des blés passa, puis celle du maïs. Rawheya réclama son argent, tantôt avec gentillesse, tantôt avec agressivité. Alors il emprunta à Rawya pour rembourser Rawheya. Mais il garda l'argent pour lui.

La dernière fois que Moheb le vit, il avait ce regard absent de ceux qui se détachent de la terre. Que lui avait donc dit le médecin ? Qu'il était condamné ? Le cœur sans doute, comme tout le monde, ou bien le cœur et le diabète ? Jamais il ne put rendre l'argent ni à Rawya ni à Rawheya. Il s'embarqua avec l'intention de faire un long voyage. Un soir de fête, on le retrouva mort. On jeta son corps à la mer.

Un jour, Rawheya réunit chez elle sa famille pour le repas de midi. A table, elle parla de tout et de rien, de ses poulets qu'elle élevait dans son jardin de Qena, qu'elle nourrissait de soleil et de déchets de cuisine ; du poisson de la coopérative, qui était devenu énorme depuis la création du lac Nasser ; de la mauvaise qualité du riz, plein de poussière et de cailloux — elle avait mis une heure à le trier ; de l'inquiétude des mères : sa fille était partie et n'écrivait pas ; de l'avarice des hommes : ces cousins qui avaient pris leur part d'héritage et n'étaient plus jamais venus la voir ! En l'honneur de Moheb, elle soigna le déjeuner. Elle prépara le café dans la cafetière individuelle que lui avait offerte Rawya.

L'après-midi, elle devait rencontrer une amie venue de Qena. Toutes deux projetaient d'aller ensemble payer leur facture d'électricité.

L'amie attendit la soirée du jeudi, offensée d'avoir été oubliée. Le vendredi, elle eut peur de manquer de courant. Elle téléphona. En vain. Samedi, elle attendait encore. Dimanche, elle décida d'aller frapper à la porte de Rawheya. Elle regarda à travers le trou de la serrure. L'appartement baignait dans la lumière. Elle appela à son secours l'ange Makar et l'ange Mikhaïl. Elle alerta Rawya, Moheb, la police. On défonça la porte.

Au fond du corridor, un tabouret était placé à l'entrée de la salle de bains. Sur le tabouret, il y avait du linge propre. Moheb retint son souffle. Il lui avait semblé entendre de l'eau couler. Il entra.

Dans la baignoire, un corps flottait, celui de Rawheya. Noir !

Au milieu des lamentations et des invocations à Allah, on entendait l'amie chrétienne de Rawheya qui disait :

— L'ange Makar et l'ange Mikhaïl sont à sa droite et à sa gauche. Ils la protègent. Elle n'a rien fait de grand dans sa vie, mais elle reviendra sur terre.

Dans les écrits de Rawya, Rawheya ne cessa pas de vivre.

DEUXIÈME PARTIE

LA DERNIÈRE CHANCE DE MOHEB

Moheb avait décidé à la hâte son retour au pays. Il voulait jouir de l'euphorie créée par un espoir de paix, liquider la succession de Rawheya, morte depuis presque un an, recommencer peut-être sa vie en Egypte à ce tournant de l'Histoire : le nouveau président, Anouar el-Sadate, avait remporté une victoire sur l'ennemi lors de la quatrième campagne contre Israël, celle de 1973 ; il avait ouvert la voie à l'avenir et à la fortune ; héros de la guerre, il était devenu un héros de la paix ; il rentrait de son voyage à Jérusalem et le monde entier ne se lassait pas de l'applaudir, en ce mois de novembre 1977.

Moheb n'avait pas réussi au Nouveau Monde. Une dernière chance s'offrait à lui avec le libéralisme économique tant espéré, cette fois-ci, main dans la main de l'ennemi d'hier, ce peuple d'Israël qui renaissait, comme un Phénix de ses cendres, d'un passé biblique plusieurs fois millénaire !

En vérité, toutes ces raisons n'étaient pas les bonnes. Si on avait abordé Moheb pour lui poser des questions, il aurait dit, après mûre réflexion :

— Sait-on pourquoi les chats reviennent vers les lieux auxquels ils sont habitués ?

*
**

Il regarda autour de lui. L'avion était grand : un DC 10. Il était plein. Deux cent trente-sept passagers, lui dit-on. Des touristes, des hommes d'affaires, des exilés qui rentraient au pays. Moheb pensait :

« Sûrement ils ont l'espoir de faire fortune. L'Egypte est une vallée bénie. Mais il faut être riche pour y vivre en alliant le confort de l'Occident et les valeurs de l'islam. »

On annonça :

— Mesdames, Messieurs. Sur votre gauche, les Pyramides de Guizeh.

Il y eut un mouvement de foule. Tout le monde voulait regarder par les hublots. Moheb céda sa place. Les pyramides, il les connaissait de longue date. Il n'avait qu'à fermer les yeux pour les voir au cœur de son paysage d'enfance : trois tombeaux dans le vaste désert, à la lisière d'une vallée fertile. Moheb rêvait : il était sur la terrasse de sa maison entre le soleil et la lune ; il allait détruire le tombeau de neige dans lequel il habitait, renaître à la vie !

A l'aéroport, les hordes de touristes arrivaient par vagues successives. Moheb était heureux de rentrer au pays. Le contrôleur des passeports lui dit :

— Ça vous prend les entrailles, la nostalgie !

Il tourna les pages du passeport.

— L'an dernier, à la même époque, tu étais ici en visite.

Moheb lança un dicton :

— Qui a bu l'eau du Nil y revient.

Les valises ne mirent pas beaucoup de temps à arriver. Et le douanier ne lui demanda même pas de les ouvrir. Il voulait savoir :

— Qu'est-ce qu'on pense de nous, à l'étranger ?

Moheb raconta, comme à un vieil ami.

Des touristes qui attendaient leur tour s'impatientèrent. Moheb ne les vit pas. Il parlait. Il constatait un heureux changement. Au temps du socialisme, on le regardait avec méfiance, on le fouillait avec minutie : il était un traître possible, un voleur certain. Ce jour-là, il se sentit comme un ambassadeur revenu au pays.

Moheb raconta au douanier ce qu'on pensait, là-bas, de son peuple et de son nouveau président. Et sa voix qui sonnait haut étouffait en lui celle de son beau-frère qui militait encore pour le vieux régime socialiste, ce régime exécré.

*
**

En sortant de l'aérodrome, il constata que la population avait encore augmenté, ce qui l'émerveilla.

« Le pullulement de la vie tient du miracle », pensa-t-il.

Il chercha un visage familier. Personne ne l'attendait. Le télégramme qu'il avait envoyé n'était sûrement pas arrivé en temps voulu. Il haussa les épaules. La clé de son appartement était dans sa poche. Il allait bien trouver un taxi. Et puis, au ciel il y avait une lune, pleine, brillante. Il faisait beau. Un vent doux.

Il respira à pleins poumons.

Il se sentit comme porté par l'air, par la foule, par la lune.

« C'est là, dans ce pays où tout est si léger, que j'aimerais vivre et mourir ! »

*
**

Sur le chemin qui le menait à Guizeh, il longea la Cité des Morts, grouillante de vie, illuminée de lampions : on célébrait des noces, on fêtait le retour d'un pèlerin, on exorcisait des femmes possédées. Moheb crut entendre des hululements de joie traverser le cimetière et le bruit des voitures, ces *zagharites* que les femmes du peuple lancent dans un mouvement de langue accéléré, les mains en auvent au-dessus de leurs lèvres, pour que le cri sonne fort et porte loin.

Le chauffeur lui apprit que là où se réunissaient autrefois les familles pour pleurer les disparus, les vivants sans logis s'étaient installés. Les défunts encensaient les murs pour se protéger du mauvais œil de ceux qui ne trouvaient même pas un abri dans les tombeaux.

Moheb caressait la clé dans sa poche. Son appartement, il devait le garder précieusement, l'encenser, comme les morts leur place au cimetière.

Il longeait la Cité des Morts. Moheb chercha un point de repère, le mausolée de l'imam El-Shafe'i. Sur sa coupole, une barque remplace le croissant de lune. Pour évoquer le voyage dans la nuit de la mort ou celui vers La Mecque ?

Dans le quartier de l'imam El-Shafe'i, la famille du coiffeur d'ânes avait constitué un clan. Ils s'étaient ramifiés jusque dans les rues avoisinantes ; tous étaient gardiens de tombeaux. Chez eux, la nièce d'Om'Abdou, Ne'na'a, avait pris la relève. Elle veillait bien sur leur modeste mausolée. Son visage ressemblait à une lune pleine. Ses yeux avaient la couleur de la feuille de menthe. On la nomma « feuille de menthe » : Ne'na'a. Elle en avait jusqu'au parfum.

La joie de Moheb fut étouffée par l'émotion. Il pensait à sa demi-sœur, Rawheya. Un an plus tôt, il l'avait accompagnée à sa dernière demeure. Rawheya était morte avec une grande soif d'amour...

Moheb, tout musulman et occidentalisé qu'il fût, croyait toujours que les morts revenaient errer parmi les vivants, sous mille formes différentes : dernier souvenir du paganisme populaire, entretenu dans son enfance par Om'Abdou. Il imaginait Rawheya, dans la nuit de la terre, guidée par des yeux de chat, se frayant un chemin vers le jour. Peut-être l'attendait-elle là-bas, de l'autre côté du fleuve, dans l'appartement contigu au sien ou dans le jardin zoologique, ou dans celui d'El-Orman ? Rawheya enfant, ou jeune fille, ou veuve voilée, Rawheya en bête, cachée dans le tronc d'un palmier royal ?

LA MAISON ABANDONNÉE

La lune accompagna Moheb jusqu'à la porte de sa maison, puis elle s'arrêta au-dessus de cette rue qui ressemblait à un trait d'union entre le Nil d'un côté et, de l'autre, l'université, le parc zoologique et le Jardin des plantes.

L'ascenseur était en panne. Moheb monta péniblement, traînant sa valise de vingt kilos. L'état de délabrement de la cage d'escalier ne rappelait plus les splendeurs d'un passé colonial. Les vitres étaient brisées, les murs couverts de toiles d'araignées, la rampe de poussière ; le plâtre, traversé de grandes fêlures, taché d'humidité, s'effritait...

Il sortit la clé de sa poche. Il entra chez lui. Le courant était coupé. Il tâtonna dans l'obscurité.

Il y avait du monde dans l'autre appartement, celui de Chafik et de Rawheya. Un étrange sentiment l'empêcha de frapper à leur porte. Il ne voulait pas voir ces lieux habités par des étrangers.

Moheb erra dans la maison. Il s'assura que tout était à sa place. Sous les housses, enveloppées de poussière et d'odeur de naphtaline, il y avait le rocking-chair de leur mère qui avait tant aimé les bercer, la salle à manger Chippendale où avaient eu lieu tant de bruyants repas, les tapisseries des fauteuils

Louis XI, travaillées au petit point ; sur les tables et les murs, il y avait encore des porcelaines chinoises, les portraits des grands-parents, des paysages de montagnes, de torrents et de ruisseaux peints à la manière de Ruysdaël. Les objets ont une mémoire, ils font revivre les ombres. Toute l'enfance de Moheb était contenue dans l'interrupteur électrique d'une autre époque, dans la sonnerie qui tintait trois fois pour appeler les domestiques, dans ce nom d'Allah inscrit sur de la céramique bleue, destiné à déjouer le mauvais œil.

Il pouvait se débrouiller seul. Les armoires étaient pleines : un rasoir électrique, du savon, des chemises, du linge propre, du thé, du café, des allumettes ; il y avait aussi des éponges, des produits de nettoyage, un aspirateur. Le moindre détail avait été prévu par lui. Quand il s'agissait de son confort, Moheb ne prenait pas de risques. Il achetait tout à l'étranger. Au Caire, jusqu'à sa dernière visite, il n'y avait pour ainsi dire rien. Des amis s'étaient chargés de lui faire parvenir ces réserves indispensables à son bien-être. Sa mère avait tout rangé avec soin dans les placards. Ces objets annonçaient l'arrivée de son fils. Elle ne permettait à personne d'y toucher.

Dans le salon de Farida, il y avait encore, jeté comme par mégarde sur une table basse, près du canapé et des fauteuils de style Louis XI, au milieu d'un savant désordre d'argenterie turque, un album de photos. Elle l'ouvrait parfois, en invoquant le nom d'Allah, le Clément, le Miséricordieux, formule qui protège les images du mal. Les invités devaient savoir que Mme Farid n'était pas n'importe qui et que ses enfants étaient bien nés. Elle comptait en effet dans sa famille quelques personnes de haut rang ; on pouvait en voir les portraits : bustes surchargés de médailles, têtes coiffées du tarbouche turc, moustache en croissant de lune, comme celle de son père. On aurait dit des répliques du roi détrôné.

Moheb feuilleta l'album. Parmi les photographies de ses ancêtres et de leurs somptueuses maisons et des coupures de journaux annonçant mariages et enterrements, un vieux portrait de sa mère, des souvenirs de fêtes champêtres, dites de charité, des photos d'anniversaires. Il portait des pantalons de flanelle grise, une cravate et un blaser bleu marine ; Rawya, sa robe de *surah* parsemée de petits myosotis ou celle de velours rouge au col de dentelle ; ailleurs, ils étaient déguisés, elle en paysanne, lui en bédouin ; ils avaient été des enfants bien élevés ; ils se tenaient droits, savaient répondre en français, en anglais, en arabe. Un bel avenir leur était promis.

On disait alors que Moheb deviendrait un homme important et que Rawya ferait un bon mariage.

Lui ne sut pas faire fortune. Il vendit ses biens pour des poussières et ceux dont il hérita encore ne représentaient que des miettes. On aurait dit qu'il était né pour survivre chichement à ses proches.

En effet, il avait hérité de ses tantes paternelles qui n'avaient eu que des filles, de son demi-frère, mort sans enfants, de son cousin dont l'épouse, chrétienne, n'avait pas voulu se convertir à l'islam, car il était bien placé, sur la bonne branche de l'arbre généalogique, celle que l'on appelle *el-'acab*, qui doit être mâle. Il pouvait partager avec la veuve et l'orpheline.

Il fit le compte de ses biens : quelques *feddans* de bonne terre à Kasr-Hour, une maison en ville, des actions, des obligations, des bijoux, de l'argent liquide dans les coffres des banques. Tout cela ne pouvait suffire à lui assurer la sécurité matérielle ; une bagatelle, comparé au salaire qu'il touchait à l'étranger.

Restait l'appartement. Moheb se félicitait d'avoir établi le contrat à son nom. Dans ce pays où la surpopulation et la spéculation sur les logements grimpaient à une allure vertigineuse, il ne pouvait espérer acquérir d'autres murs.

Sa vie n'avait pas été une grande réussite ; en amour, par contre, il fut heureux. Rawya l'avait tant traité de matou qu'il finit par croire en sa légende. Il séduisait les jeunes filles, les femmes mariées, les mères de famille. La beauté de son corps, son teint basané, ses yeux brillants comme ceux des statues antiques, faits de cristal de roche, lui servaient d'appât. Et lui ne trouvait pas de plus grand plaisir que l'amour.

Plus d'une fois, il voulut se marier. Mais quand il en parlait à sa mère, elle lui disait :

— Elle en veut à ta fortune.

Ou bien elle lui disait :

— Tu n'es pour elle qu'un alibi. Elle t'utilisera pour partir à l'étranger, puis elle te trompera.

Pourtant, il lui arriva souvent de vouloir emmener avec lui une fille du pays. Mais, à chaque fois, il prit peur. Il se souvenait de la belle italienne et de ce divan sur lequel il avait appris à faire l'amour, sous une photo de mariage signée Alban. Son mari s'en était-il douté ? Et s'il devenait, lui, l'époux trompé ? Comme celui d'Angela ? Comme son père ?

Sa mère avait raison. Elle l'aidait à voir clair, elle lui rappelait la femme adultère, le regard borgne et la solitude de Rawheya, elle le protégeait de la tourmente qu'avait subie son père. Une épouse comme Rawya, il ne trouverait pas la pareille et il en voulait à Mokhtar, ce héros de pacotille.

Le rythme de ses conquêtes s'accélérait. Un amour chassait l'autre et durait de moins en moins longtemps. Il ne savait plus aimer. Il vivait seul.

Seul. Il en eut un pincement au cœur. Il s'enfouit sous la vieille courtepointe de coton, ouvrit grands les yeux pour regarder la lune qui entrait par la fenêtre. De l'escalier de service venaient des appels à l'amour, des grondements de matous vidant une querelle ; ils faisaient un tintamarre d'enfer avec les poubelles : de vieux bidons qui dégringolaient dans l'escalier.

Moheb pensa à Mu'ezza. Elle aussi pouvait revenir. Il se leva pour ouvrir la chatière de la porte d'entrée, tira le loquet, tourna deux fois la clé dans la serrure, la cacha dans le vestiaire. Puis il se remit au lit.

Il tenait dans sa main ce châle de fine laine rouge qui traînait sur le grand lit à colonnes. Il le caressait, le humait. On aurait dit qu'il sentait, à travers l'odeur de poussière, celle de Mu'ezza. Une parente qui avait des chats chez elle l'avait fait au crochet. Mu'ezza adorait ce châle. Elle le tétait avec gloutonnerie. Ses petits tiraient sur ses mamelles et elle le tétait encore, avec une ardeur, une concentration presque mystiques, fronçant un nez gourmand, les griffes sorties, les moustaches frémissantes, elle respirait, sur un rythme lent, l'oreille attentive au bruit de succion de sa langue, le regard absent. Puis elle s'endormait paisiblement, les pattes et la queue rassemblées en bouquet, le lainage rouge entre les dents. On l'avait séparée de sa mère. Ce châle, imprégné de l'odeur maternelle, lui donnait, avec la volupté, un profond sentiment de sécurité, comme à Moheb sa maison, avec ses meubles, ses housses, sa poussière.

Moheb rêva de Mu'ezza. Elle sortait de l'obscurité des tombeaux. Elle traversait la Cité des Morts et celle des vivants endormis ; la lune, une lune pleine, brillante, la guidait. Mu'ezza monta les quatre étages. Elle se faufila à travers les barreaux de la chatière. Elle vint se lover sur le châle de laine rouge pour le téter. Un sentiment de plénitude envahit Moheb.

Mu'ezza, c'était le vieux temps, le temps du bonheur.

Il se réveilla à l'aube, incapable de dormir, car il avait voyagé à l'envers de la course du soleil.

La veille, il était sur un continent neuf. Ce matin, il se trouvait dans un des plus vieux pays du monde...

Il alluma une cigarette, regarda la fumée dessiner des cercles dans la chambre, près de la moustiquaire trouée par le temps et par les ongles de Rawheya, autour des colonnes du grand lit à baldaquin, du lustre d'albâtre qui laissait transparaître une faible lumière, déjà étouffée par celle du jour.

Il avait perdu la mesure du temps. Sa montre s'était arrêtée.

L'éboueur passa à tous les étages de la maison. Moheb ouvrit la porte de la cuisine, jeta ses mégots de cigarettes, observa l'homme sans être vu, le même homme que l'an passé, les mêmes gestes dus à cinquante ans de routine : l'éboueur vida la poubelle dans sa grande couffe de paille, la hissa sur ses épaules à l'aide de courroies. Il en déversa le contenu dans la charrette stationnée à la porte de la maison, caressa les deux ânes qui trompaient leur ennui en mâchonnant leurs mors, revint avec sa couffe vide.

Moheb ouvrit les fenêtres. Le soleil était haut à l'horizon. Les klaxons des voitures, les marchands des quatre saisons, les étudiants pressés ou nonchalants, tout disait que le travail avait commencé. Il se sentait en vacances.

Il compta les arbres qui n'avaient pas été arrachés : quelques manguiers dans le jardin de l'ancien palais princier, les vieux citrus des trottoirs de sa rue ; plus loin, il y avait les eucalyptus qui bordaient la route du tram, les acacias de l'avenue qui menait à l'université... Un voile de poussière recouvrait l'horizon ; un amoncellement de matériaux de construction encombrait la rue : on ajoutait un étage à l'ancien palais princier.

Devant lui, un grand ensemble de béton : des blocs compacts qui se soutenaient, dos à dos, comme pour ne pas tomber. Partout où Mu'ezza avait aimé retourner la terre de ses griffes, les bulldozers étaient passés. Partout, on avait ajouté des fenêtres aux fenêtres. Derrière chaque vitre, Moheb croyait voir Rawheya et sa vieille chatte, leurs deux têtes si proches qu'elles se superposaient, devenaient un regard double, intense, fait d'obscurité et de lumière, qui pénétrait à l'intérieur des murs pour scruter le cœur des habitants, reconnaître le frère venu de si loin...

LA VISITE DE MOHEB

Rawya s'affairait dans la cuisine de son appartement, dans ce grand ensemble de béton qui avait planté ses murs à la place des rosiers de la pépinière. Sa mère était avec elle.

L'ébcueur continuait sa tournée, la couffe de paille sur l'épaule. Il annonça qu'il avait entendu du bruit dans la maison de Mme Farid bey.

Les deux femmes pensèrent à Moheb qui revenait quand bon lui semblait.

— Si seulement il se mariait, dit la mère.

— Tu l'as encouragé à vivre comme un chat, répondit Rawya.

— J'ai tant prié pour qu'il épouse une brave femme, dit encore la mère.

Rawya haussa les épaules :

— Elle ne sera jamais assez brave pour toi.

Farida marmonna des prières, mêla le nom de Moheb à ses invocations.

— Je voudrais voir son fils avant de mourir, disait-elle à Allah. Il ne peut pas continuer à vivre comme un arbre sans fruit.

Elle vanta les qualités de celles qui sauraient porter le poids du quotidien, se montrer fidèles au foyer.

« De vieilles filles », aurait pensé Moheb.

Rawya rabroua encore une fois sa mère.

— Tu lui a appris à distinguer, parmi les femmes, le bon grain de l'ivraie ; il rêve encore d'épouser un jour le bon grain, tard, beaucoup plus tard, quand il sera blasé.

Moheb quitta son appartement, fit le tour des immeubles qui avaient poussé dans le jardin de roses et de bananiers.

Il imagina sa mère et sa sœur là où ils les avait vues la dernière fois, dans leur cuisine.

Il s'arrêta un moment pour regarder les felouques, les lauriers, les chats qui guettaient les poissons au fond de l'eau, les taches de lumière qui trouaient l'ombre d'un arbre, puis il décida de se presser, inquiet, tout à coup, de ne plus revoir sa mère ou de trouver sa sœur grosse, défraîchie.

Il se rasséréna. Toutes deux l'attendaient. Il allait les revoir au haut de l'escalier, étonnantes, comme d'habitude ; Mme Farid bey s'amenuisant avec l'âge, plus gracieuse que jamais ; Rawya, semblable à elle-même au jour de ses treize ans ; à peine un petit changement, un détail : des chaussures à talons ou une coiffure en hauteur, pour se grandir. Sa mère le regarderait de cet œil adorateur qui le transformait en prince charmant ; elle le dévorerait des yeux. Sa sœur détruirait vite les illusions nourries par sa mère, avec un sourire tendre ou ironique, un mot malicieux ou cinglant.

La surprise fut grande. Elles n'avaient pas reçu de télégramme. Personne n'avait soufflé mot de son arrivée. Excepté l'éboueur. Elles n'osaient pas y croire. Elles auraient étalé le tapis rouge pour le recevoir. L'enfant prodigue ne revient pas tous les jours.

Farida étreignit son fils. Rawya se tint à l'écart, un petit pincement au cœur. Elle se sentait moins aimée, mal aimée. Sa mère ne l'embrassait jamais de cette façon-là. Elle pensait :

« Je suis à sa disposition. Elle ne me voit même plus. Lui

parle avec des mots de miel et les yeux de ma mère se remplissent de rêve. »

Les sentiments de Rawya oscillaient entre la tristesse et l'irritation. Elle se ressaisit. Sa mère vieillissait et elle-même n'était plus une adolescente. Et puis, au fond, elle était heureuse de revoir Moheb. Il prit des nouvelles de Mokhtar.

— Il s'est fait battre aux élections, dit Rawya. Encore un coup des Frères musulmans, même s'ils portent de nouveaux noms. Le président les a encouragés. Alors ils ont déclaré dans leurs discours que Mokhtar et ses amis étaient des hommes sans Dieu, moins que des hommes, des bêtes... que de pieux musulmans ne devraient pas voter pour eux.

Moheb avait usé des mêmes arguments pour l'empêcher d'épouser Mokhtar ! Elle ne l'oubliait pas.

Moheb ne voulait plus parler de ce mariage. Il prit des nouvelles des filles de Rawya.

A l'école. Bientôt douze et treize ans, déjà...

Rawya lui offrit des œufs au plat, une bolée de fèves. Il trouva le pain trop noir, le beurre trop rance. Il réclama un café turc au cardamome.

Rawya esquissa un sourire ironique. Elle voulait bien le servir le premier jour. Plus tard, elle se mettrait en colère.

Moheb raconta sa vie dans le Nouveau Monde :

— De la neige jusqu'aux genoux. Le soleil, en cette saison, ne réchauffe pas.

Il parlait haut et fort. Il articulait bien les mots. Sa mère était dure d'oreille. Une lueur de compassion passa dans le regard de Farida. Elle évoqua les soucis de la vie quotidienne :

— L'eau monte péniblement jusqu'au cinquième étage. Les fontaines sont abîmées. Le parquet est défoncé. Il n'y a plus de plombiers. Plus de menuisiers. Les artisans partent vers les pays du pétrole. Les domestiques aussi. Il faut apprendre tous les métiers.

Moheb se moqua gentiment des soucis de sa mère : soucis de femmes. Là-bas, il avait appris à se débrouiller seul.

— Ouvriers et serviteurs sont trop chers. Parfois, des filles viennent faire la vaisselle.

Il parla du confort dans lequel il vivait. Il avait une belle Mustang et un réfrigérateur à deux portes ; le chauffage venait du plancher, les supermarchés regorgeaient de marchandises.

Il parla de son salaire. Il convertit les devises en livres égyptiennes. Oui ; il gagnait cinq fois plus que les ministres de son pays.

Il y eut de l'admiration dans le regard de la mère, de la colère dans la voix de Rawya. Venait-il donc les narguer ? Se rendait-il compte de la pauvreté des gens, de l'inflation galopante et de l'aventure que représentait l'achat de la moindre bagatelle ?

Moheb s'expliqua. Il ne voulait pas vieillir et mourir à l'étranger. Il demanda combien d'argent il lui faudrait pour vivre confortablement au Caire.

Rawya fit un geste vague :

— Il n'y a pas de limites.

Il voulait le confort de l'homme moyen, celui qu'il était devenu là-bas, dans les pays riches.

— Une petite fortune, dit Rawya.

Il fit encore une fois le compte de ce qu'il possédait : son appartement, les *feddans* épars dans la campagne égyptienne, une maison, les actions, les obligations, l'argent, les bijoux enfermés dans les banques. Il y avait aussi l'héritage de Rawheya. Avec un salaire égal à celui de Rawya, il pourrait vivre.

Rawya se mordit les lèvres. Sa mère évoqua le vieux temps, lorsque son mari et ses amis, de bons musulmans, rivalisaient de générosité.

— Aujourd'hui, c'est différent. Les hommes sont trop nombreux. Les frères se disputent un héritage, un toit, une couverture.

Elle servit à son fils le café turc. Ses mains tremblaient. Moheb s'aperçut qu'elle avait un œil aveugle, comme Rawheya. Les larmes lui montèrent aux yeux. Il prit avec inquiétude des nouvelles de sa santé. Il interrogea Rawya avec insistance. On aurait dit qu'il reprochait à sa sœur la vieillesse de sa mère.

Rawya décida d'arrêter l'orage qui se préparait.

*
**

Elle ouvrit le tiroir du vaisselier. Elle en sortit deux grands couteaux. Elle les aiguisa, gonflant le torse, frottant les lames l'une contre l'autre dans un grand vacarme de boucherie. Les chats de l'escalier de service comprirent le message. Ils miaulèrent en chœur derrière la porte.

Rawya et Moheb les firent entrer. Il y avait le gros matou blanc, l'autre, maigre et roux, les deux jumeaux gris au museau couvert de suie, un rescapé de grandes bagarres : son dos portait de profonds sillons, creusés par les griffes de ses adversaires.

— Ils étaient plus nombreux avant la fête, expliqua Rawya. Je ne leur ai pas rendu service en les engraissant. Les plus beaux ont disparu les premiers. Ceux qui n'avaient pas assez d'argent pour sacrifier du mouton ont tué un chat, en cachette. Il faut bien manger de la viande au moins une fois l'an ! Tu vois, les histoires d'Om'Abdou n'impressionnent plus personne.

Les clients de l'escalier de service attendaient le repas que Rawya leur avait préparé, sagement alignés, léchant leurs moustaches : des morceaux de poulet crus, servis avec leurs os, leur peau, leur graisse ; un festin.

Le gros matou blanc se servit en premier. Les jumeaux gris arrivèrent à lui happer une maigre part. Le frère disputa à la sœur ces restes. Rawya le montra du doigt :

— Tu te comportes comme ce chat, dit-elle à Moheb.

Il ricana, il allait riposter. Ce n'était pas l'envie qui lui manquait. Une longue année loin de ces lieux où l'on crie haut et fort, où les grandes disputes précèdent les grandes étreintes.

Mais Rawya devait courir au journal ; Moheb la rejoindrait à l'heure du déjeuner.

LES JOIES DU RETOUR

A l'heure où Moheb quittait l'appartement de sa sœur, le vacarme des rues de Guizeh semblait avoir atteint son paroxysme. On aurait dit qu'il s'était lancé dans une jungle où s'entremêlaient voitures, trams, autobus, charrettes, bêtes et gens vainement contrôlés par les feux rouges, jaunes, verts et les coups de sifflet d'un policier perché sur un socle de bois, à mi-hauteur entre la foule et les lampes éteintes des réverbères. Moheb prit peur. Il chercha un refuge.

Derrière un mur couvert d'affiches publicitaires, il y avait une pépinière : un petit bout de terre gagné sur le béton, un dernier vestige de ce qui avait été le jardin de Mu'ezza. Les plantes s'y entassaient. Rosiers, manguiers, bananiers, géraniums, bougainvilliers... Un délire végétal.

Moheb s'y attarda. Mais le calme volé aux bruits de la capitale l'ennuya vite. Il décida d'affronter la foule et de renouer connaissance avec sa ville, à l'abri, dans une voiture.

Il traversa la grand-rue avec l'intention de héler un taxi. Il n'y en avait pas. Il eut tout son temps pour flâner près de la sculpture de la Renaissance, coulée dans le bronze, superbe dans son berceau de lauriers. Elle représentait une paysanne qui réveillait un sphinx de son sommeil millénaire. Le sphinx symbolisait l'Egypte endormie. Moheb pensa à Rawya. Elle s'était prise trop au sérieux depuis qu'on avait transporté cette statue à l'entrée de l'université. Elle avait imaginé que la

151

Renaissance serait l'œuvre de paysannes éduquées. C'était folie que de donner tant d'importance aux femmes.

Il n'appréciait pas sa manière de le bousculer pour aller au journal, ni son regard, ni cette façon de le comparer toujours à un méchant chat. Et pourquoi donc était-elle si pressée de partir ? Pour raconter d'autres sornettes sur les femmes d'Orient ? Moheb haussa une épaule, plissa un coin de lèvres, eut un sourire sarcastique. Il se moquait bien de Rawya. Elle ne lui gâcherait pas la joie de retrouver le pays de son enfance.

Des taxis passèrent. Ils ne s'arrêtèrent pas pour lui. Il attendait encore. Il regardait la rue, tous ces trams, ces autobus bondés, étourdi par les hennissements des ânes et les sirènes des voitures présidentielles.

Une limousine noire, précédée de bruyants motocyclistes, roulait vers l'université. Moheb regarda à l'intérieur.

— C'est la première dame d'Egypte, la Vertueuse, dit un badaud.

— C'est elle qui règne sur le pays, affirma un étudiant barbu. Il en méprisait le mari, le nouveau président.

L'étudiant portait une robe blanche et une barbe. C'était la première fois que Moheb voyait un islamiste ainsi vêtu. Il se souvenait du Guide Suprême et du curieux ascendant qu'il exerçait sur lui.

Les commentaires sur la première dame d'Egypte ne tarissaient pas.

— Elle fait une thèse sur un poète anglais, Shelley. Tu connais ?

— Non. Demain elle sera professeur et elle me l'enseignera.

— Drôle d'étudiante. On dit qu'elle tient tête à tous les cheikhs d'El-Azhar pour changer le statut privé de la femme.

— Qu'est-ce qu'elles veulent encore, ces femmes ? Il y en a une qui est ministre des Affaires sociales. Et celle-ci gouverne le pays !

La première dame d'Egypte était déjà loin. Sa limousine entrait dans l'enceinte de l'université.

Moheb renonça au taxi ; il quitta la grande route pour s'engager dans l'allée qui sépare le jardin zoologique du

Jardin des plantes. Les acacias avaient perdu leurs fleurs. La pelouse s'ornait de plates-bandes jaunes et rouges. De belles étudiantes envahissaient la chaussée ; elles s'en allaient à leurs cours par petits groupes.

Moheb sentit monter en lui l'élan du chasseur. Il eut envie de séduire. Certaines de ces jeunes filles ne découvraient que leurs mains et leur visage. Elles portaient des voiles d'organza ou de coton, couleur de fleurs, d'eau et de verdure, de petites toques crochetées, des jabots. D'autres se cachaient sous des robes aussi amples que les tentes du désert, assorties d'une cagoule, fendue au niveau des yeux ; des lunettes cachaient leur regard, des gants couvraient leurs mains.

Moheb fut ébloui par la magnificence de ces vêtements qui évoquaient les nonnes chrétiennes plutôt que les musulmanes du temps du Prophète. Il imagina Rawya soumise à la loi coranique, se mettant de son propre gré à l'abri des regards masculins. Il en rit seul, à haute voix.

Un derviche barbu marchait près d'une étudiante voilée. Ils passèrent à côté de la limousine où se trouvait la femme du président, qu'on appelait la Vertueuse. Le derviche cita le Prophète :

— Un pays gouverné par une femme court à sa perte.

Moheb ne rit plus. Il sentit comme un frisson passer dans son dos. Il était partagé entre la sympathie qu'il avait pour les militants de l'islam et la crainte qu'ils lui inspiraient.

Ce jour-là, pourtant, il leur était reconnaissant d'avoir coulé le parti de son beau-frère aux élections. Il voulut connaître les opinions de ces musulmans intégristes. Il se présenta à eux : un journaliste occasionnel qui préparait un article pour un quotidien étranger. Ce n'était pas tout à fait un mensonge. Quand il serait de retour dans ses déserts de neige, on le harcèlerait de questions. Les jeunes gens répondirent de bonne grâce, ils croyaient poser pour la postérité, jusqu'à l'étudiante qui ne refusa pas de lui parler sous ses voiles. De nouveaux venus se joignirent à eux. On aurait dit une conspiration.

Moheb fut frappé par leur vocabulaire. Ils parlaient des

pauvres, des misérables, des oppresseurs, des injustes, des corrompus de la terre. On aurait dit qu'ils traduisaient les idées de Mokhtar en langage coranique. Mokhtar, lui, disait classe ouvrière, exploités, exploitants, capitalisme. Il chantait l'Internationale comme eux le peuple d'Allah. Il parlait de démocratie comme eux de la *Shoura*, leur assemblée de sages !

Moheb partit plus perplexe que jamais... Entre les idées de Mokhtar et celles de ces jeunes islamistes, Allah seul faisait-il la différence ?

On voyait partout des panneaux publicitaires pour des cigarettes : de grandes taches rouges sur lesquelles étaient dessinés une alouette et un blason : un lys couronné d'une croix. Il y en avait jusque sur les poteaux électriques, plantés au milieu des parterres de cannas ; on aurait dit qu'ils voulaient remplacer les fleurs rouges des flamboyants.

Moheb imaginait les doigts d'Om'Abdou roulant son tabac, sa langue collant les extrémités du papier. Il éprouva une envie folle de la voir. Il fit demi-tour. Il repassa devant la statue de la Renaissance. Il ne pensait plus à Rawya, ni au derviche, ni à la première dame du pays. La paysanne en bronze lui souriait et son sourire ressemblait à celui d'Om'Abdou.

Moheb se demandait pourquoi ces islamistes n'étaient pas voilées comme Om'Abdou l'avait été au temps de sa jeunesse, avec ce grand crêpe noir enveloppant qui découvrait les chevilles, les mains, les yeux, les bijoux en or, de la couleur du soleil. Des paysannes ainsi voilées, il y en avait beaucoup dans ces allées plantées de flamboyants et d'eucalyptus. Mais elles se bousculaient aux portes du jardin zoologique. Elles ne se dirigeaient pas vers l'université.

Leur or semblait avoir perdu l'éclat du soleil.

La rue de Moheb était encombrée de voitures. Il y en avait partout, jusque sur la chaussée et sur les deux trottoirs. Autrefois, on ne voyait que des chevaux, des charrettes conduites par des ânes et la vieille guimbarde décapotable de son père que l'on faisait péniblement démarrer à l'aide d'une manivelle. Il n'y avait alors dans cette rue qu'un immense jardin de roses et de bananiers, de belles propriétés privées et deux palais de princesses ; les jours de ramadan, avant le tir de canon annonçant le coucher du soleil et l'heure de l'*iftar*, des cheikhs se postaient aux balcons et chantaient, à tour de rôle, des versets du Coran. A présent, les tonitruants haut-parleurs de la nouvelle mosquée conviaient les fidèles à la prière. Moheb crut entendre les voix d'autrefois, quand il avait vingt ans. Il s'étonna d'être si près de la cinquantaine. Dans sa rue passait encore une charrette qui voulait se garer entre une Volvo et une Volkswagen, à la place d'une Mercedes. Les automobilistes pressés se répandaient en invectives. Lui cria plus fort. Debout au milieu de monceaux de pierres, enveloppé de poussière, il injuriait les automobilistes. Personne ne l'écoutait. Le bruit de la ville étouffait sa voix. Il chercha le soldat qui montait la garde près des palais. Il se trouvait bien à son poste, mais Moheb ne le reconnut pas. Sa guérite, pimpante, neuve, abritait à présent l'étal d'un marchand de cigarettes.

Il n'y avait plus de princesses.

Pour monter chez Om'Abdou, Moheb empruntait autrefois l'escalier de service. On laissait la porte de la cuisine ouverte, comme si la terrasse était leur propriété et l'escalier de service une clairière menant vers le ciel. Quand il était loin, perdu dans les neiges qui ne finissaient pas de fondre après les longs mois d'hiver et faisaient de lui un étranger venu d'un pays de soleil et d'étés interminables, quand il se demandait s'il n'avait pas, avec les chats, de vrais liens de famille, il croyait entendre battre les socques d'Om'Abdou. Il se mettait à rêver.

Om'Abdou, avec ses superstitions et son talent de conteuse, avait enchanté tous les habitants de la maison et peut-être la maison elle-même... Cette maison de quatre étages qui avait l'air d'avoir été suspendue entre ciel et terre, avec sa terrasse, ensoleillée le jour, illuminée de lune la nuit. De lune et des innombrables yeux de chats...

Moheb eut un sentiment d'éternité. Sa mère se trouvait dans le petit salon d'hiver, assise sur son rocking-chair, battant les cartes : les socques d'Om'Abdou claquaient sur la terrasse, tout là-haut.

Farida, heureuse du retour de son fils, fut prise d'une agitation frénétique. Elle enleva les housses, traqua la poussière, para l'appartement de roses, puis elle oublia qu'elle venait de voir Moheb. Elle l'accueillit comme si elle ne l'avait pas vu depuis un temps trop long, peut-être une éternité.

Farida était en train de perdre la mémoire. Les mots qu'elle venait de prononcer ne laissaient aucune trace ; les années s'estompaient dans le souvenir d'une vie qui se déroulait comme en marche arrière. Dans cette maison toute peuplée par les absents, Farida oubliait même sa vieillesse. Les photographies accrochées aux murs, posées un peu partout, celles de son mariage et de ses jeunes années, recouvraient d'un voile lumineux les images que lui renvoyait son miroir. Elle se souvenait de l'espièglerie de Mu'ezza, de ses amours ; de la volupté qu'elle ressentait quand celle-ci se lovait sur son cou ; de son grand désir de fourrures, pour jouir de la même volupté. Elle caressait dans son armoire un col de renard argenté, un manteau d'astrakan, une veste de vison. Son mari avait été un haut-fonctionnaire, un homme de grand talent. Il était peut-être un pacha, elle ne s'en souvenait plus. Beau et fort en tout cas, un air turc, quoique Egyptien. Elle n'avait jamais compris pourquoi sa première épouse le trompait. Lui ne l'oubliait pas ; il souffrait de son infidélité, elle en était jalouse. Farida avait été belle, pourtant. Elle l'était encore.

On l'avait demandée plusieurs fois en mariage, des hommes déjà vieux, des veufs qui en voulaient à son nom et à son argent. Moheb n'avait pas à s'inquiéter. Elle ne les épouserait pas. L'amour ? On le lui avait interdit quand elle était petite fille. Mais elle avait aimé son mari.

Le sourire de Farid se brouillera-t-il dans les voiles de l'oubli ? Deviendra-t-il un rêve d'enfant ? Revivra-t-elle un jour son enfance recluse ou sa jeunesse étouffée, elle, dernière-née d'une famille nombreuse, assise au chevet d'un père à la retraite qui n'en finissait pas de recommencer ses jeux de patience ?

Les socques d'Om'Abdou claquaient encore. Moheb les entendait malgré le flot de paroles de sa mère. Il attendait une pause, un instant de silence. Il voulait se précipiter chez Om'Abdou.

Caché derrière la porte, Moheb regardait Om'Abdou. Il voulait l'effrayer, comme lorsqu'il était petit, crier très fort Hou ! Hou ! et lui faire les cornes du diable. Elle cracherait dans sa poitrine, entre ses seins, pour éteindre le feu au cœur, calmer ses palpitations. Il se jetterait dans ses bras, comme avant.

Om'Abdou lavait encore, entourée de montagnes de linge sale, enveloppée par les vapeurs de l'eau qui bouillait toujours dans sa grande bassine, activée par un bruyant réchaud, l'immortel Primus. Elle sentait bon la mousse de savon mélangée au tabac. Elle était belle, vêtue de couleurs ensoleillées. Un mouchoir cachait ses cheveux. Elle ne portait plus de bijoux. Ses pauvres mains : ridées, usées, gonflées par l'eau et le savon, douloureuses à force de laver le linge des autres. Les mains de Mme Farid bey et celles de ses amies avaient crocheté, tricoté, brodé de fines dentelles, battu des cartes, parfois pétri la pâte pour aider les domestiques à exécuter une recette. Elles ne méritaient pas le ciel comme celles, usées, d'Om'Abdou.

Les chats de l'escalier de service entouraient Om'Abdou. Ils se lovaient au soleil, ils jouaient avec les rayons comme avec de longues ficelles les reliant à l'astre. Om'Abdou leur parlait et déplaçait les seaux où trempaient dans de l'eau savonneuse robes et chemises, tendait ses cordes sur des pieux fichés dans les murs de béton, fixait son linge avec des pinces rongées par le temps. Elle leur disait que son règne s'étendait sur les chats de toutes les terrasses voisines et que, à ses pieds, il y avait la vallée et le désert, Le Caire, les pyramides, la Citadelle et des clochers d'églises et d'innombrables minarets. Mais les chats, inondés de soleil, rêvaient.

Moheb eut envie d'attirer leur attention.

— Besbesbesbesbesbesbes...

Pour Om'Abdou, il n'y avait pas deux voix comme celle-ci. Moheb était dans ses bras. Elle l'étreignit. Pour elle, il était encore un enfant, son enfant, et un homme. Mais quel homme ! Elle en était à chaque fois éblouie. Ses quatre fils étaient devenus des universitaires ! Ils ne voulaient plus qu'elle fît des lessives. Mais elle était orgueilleuse, Om'Abdou. Elle ne voulait rien devoir à personne.

Om'Abdou égrena ses souvenirs : Mu'ezza et les disputes continues de Moheb et de Rawya. Des disputes qui se prolongeaient pendant leur sommeil, parce que la nuit, elle le savait, leurs deux âmes prenaient leur forme de chats et se réfugiaient chez elle, sur la terrasse, et miaulaient sur ce ton qui monte, monte, comme les bulles de savon de sa lessive. Elle eut un clin d'œil entendu. Elle dit :

— Ce n'était jamais sérieux. Vous finissiez toujours par ronronner et jouer avec un rayon de lune.

Le soleil était haut à l'horizon quand les retraités de la vie, alertés par l'annonce de l'arrivée de Moheb, se réunirent sur le balcon de Mme Farid bey. Il y avait le frère de Farida, unique survivant mâle d'une famille nombreuse, ses deux sœurs, des oncles, des cousins. Tous avaient surmonté de

158

grandes difficultés pour arriver là. Défiant l'asthme, le rhumatisme, la menace d'infarctus, ils avaient affronté la foule, trouvé un taxi, ils avaient monté à pied les quatre étages de la maison d'El-Orman.

Tous harcelèrent Moheb pour savoir comment il vivait loin, si loin d'eux.

Entouré de vieilles personnes, il fut heureux. Il se sentit, à leurs côtés, un homme plein de l'importance, de l'immense espoir que l'ancienne génération investissait dans ce mot, l'homme qu'il rêvait de devenir quand il était enfant.

Le regard de Rawya ne saurait le dépouiller de ce merveilleux sentiment.

UNE FIANCÉE POUR MOHEB

Pour arriver au bureau de Rawya, Moheb dut traverser la ville entière à la deuxième heure de l'après-midi. Un enfer ! Il n'y serait jamais parvenu sans le vieux chauffeur de son oncle.

Rawya était assise devant sa grande table de travail. Un visage menu, éclairé par un beau sourire, et deux grands yeux lumineux. Elle portait des lunettes. On aurait dit une petite fille jouant le rôle d'une femme de carrière.

Il siffla d'admiration. Il n'imaginait pas sa sœur jumelle si bien installée.

« Moi aussi, je peux écrire, se dit-il. Si l'importance de Rawya correspond à la taille de son bureau, elle pourra me trouver le travail qu'il me faut. »

Autour de Rawya, c'étaient des allées et venues incessantes de journalistes, de typographes, d'administrateurs, d'archivistes, de garçons de course affairés. Certains prirent le temps de s'asseoir pour échanger des nouvelles. Elle commanda un café turc pour l'un, un cappuccino pour l'autre. Elle présenta son frère : célibataire endurci, bel homme quoiqu'il eût blanchi aux tempes, pris un peu de ventre ; un bon parti. Il l'écoutait parler : un flot de paroles ; les mots coulaient de source ; ils composaient un chant de conteur arabe. Femme jusqu'au bout des doigts, elle inspirait une certaine envie de la protéger. Solide, pourtant, comme un roc.

Il pensa :

« On dirait qu'elle est restée petite pour mieux ressembler aux chattes. Ces yeux et ce sourire sont insolites dans un bureau d'homme. »

« Là-bas, je ne suis rien. Elle occupe ici la place qui m'était due. »

*
**

Le dernier étage du bâtiment où se trouvait le journal était occupé par un restaurant. Ils allèrent tous déjeuner. Le cercle s'était resserré autour des jumeaux. Moheb fut fêté. Les femmes l'entouraient, le caressaient des yeux. Les hommes l'empoignaient, l'embrassaient, l'étreignaient, lui faisaient des confidences ; on lui racontait les derniers événements du jour, que l'on assaisonnait de bonnes plaisanteries. Dans l'hilarité générale, on lui donnait des tapes sur l'épaule, on l'empoignait, on l'embrassait de nouveau.

Le repas fut modeste : salades et bière frappée. On commentait les télex du matin ; il y était surtout question de la paix et de la guerre. On aurait cru entendre un disque rayé, des sons tristes qui se répétaient.

Moheb semblait malheureux. Il oubliait parfois de rire. Il pensait : là-bas, à l'étranger, il n'était rien, rien qu'un homme égaré dans la foule, étranger, et sa sœur se trouvait chez elle, au cœur des événements, à mille lieues de ses soucis.

Il imaginait dans ses propos des flèches lancées contre lui : elle faisait allusion aux amours des chats, elle racontait les scandales de ceux qui s'enrichissaient.

Un malaise envahit Moheb. Cela lui déplaisait que Rawya retînt l'attention, surtout quand ses propos rappelaient ceux de Mokhtar.

Il y avait plus que cela. Il crut comprendre la vraie raison de son malaise. Les mots, les gestes, les vêtements de Rawya lui déplaisaient. Sa sœur lui parut indécente. Son langage était leste. Son décolleté profond. Le rouge de ses lèvres et celui de sa robe étaient criards. Moheb ne parvenait plus à chasser des images insistantes : tous ces hommes qui entouraient Rawya avaient l'air de gros matous retenant leurs griffes pour faire patte de velours et séduire. Il connaissait trop bien — par expérience — cette lueur affolée dans le regard, ce sourire flottant, amusé.

Le sang montait à la tête de Moheb. Ses fantasmes se multipliaient, se bousculaient. Ses sentiments pour sa sœur devenaient confus. Il l'enviait. Il la méprisait. Il aurait voulu la cacher sous un voile.

Elle discourait encore, elle parlait des chats que l'on donnait à manger aux fauves du jardin zoologique, des qualités de viandes servies chez certains restaurateurs :

— Des viandes synthétiques, à base de fèves ; ou des viandes frauduleuses ; dans certains restaurants, on vous donne du chat à manger ! Oui, parfaitement ! Du sang coulait sur le palier d'une loge de concierge ; les policiers ont défoncé la porte ; ils ont vu les bêtes dépouillées de leur belle fourrure, pendues à de gros crochets, comme à la boucherie.

Moheb se dit :

« Moi, j'aurais plutôt pendu ces hommes qui entourent Rawya. »

Il était un séducteur. Il l'admettait. Mais il supportait mal ses semblables, quand ils tournaient autour de sa sœur.

La conversation n'était plus pour lui qu'un bourdonnement lointain. Ils parlaient de leur métier de journaliste et de sa lente dégradation. Ils ne pouvaient plus s'exprimer librement. Ils étaient forcés d'accepter ce fait par lâcheté, pour l'argent, pour le gagne-pain quotidien. Les plus courageux étaient vite censurés. On les payait bien. Mais on leur interdisait de publier leurs articles. Certains d'entre eux étaient partis pour l'étranger. Ils écrivaient pour des journaux d'opposition.

Moheb écoutait à peine. Les gestes, les regards, les sourires, les vêtements de Rawya le gênaient de plus en plus. Elle était trop gracieuse, trop féminine parmi tous ces hommes. Il se demanda :

« Doit-elle être belle pour occuper le bureau d'un homme ? S'offrirait-on, par sa présence, un agréable ornement ? »

Il pensa à la femme adultère...

Puis à Mokhtar, qu'il le détestait. Et pourtant, il supportait mal qu'il fût berné. Lui n'aurait pas autorisé son épouse à montrer tant de coquetterie. Il aurait voulu supplier Rawya de redevenir la jeune fille qu'elle avait été. Il aurait voulu...

« Chacun de ces hommes assis à cette table, songeait-il, doit avoir une chatte chez lui. Quand il la caresse, a-t-il l'illusion de caresser ma sœur ? »

On parlait de l'épouse du président qui se battait contre les cheikhs pour obtenir le droit de la femme au divorce et de la jeune mère au foyer conjugal.

— Les petites réformes qu'elle obtiendra seront réservées à l'épouse vertueuse, dit Rawya. Qui osera parler pour la femme adultère ?

C'en était trop pour Moheb. Il faillit se lever, faire un scandale...

Arriva une belle jeune femme, potelée, bien moulée dans sa robe, la peau blanche, les yeux verts, les cheveux blonds bouclés — légèrement oxygénés — le sourire de cette Terre Promise où coule le miel... On les présenta l'un à l'autre. Elle s'appelait Nada Rateb, était attachée commerciale.

Rawya rappela à son frère qu'il la connaissait depuis longtemps. Se souvenait-il de la petite fille qui allait souvent chez les Mare'i ? Moheb avait peine à croire qu'il l'avait côtoyée sans deviner quelle belle femme elle deviendrait. Il s'excusa de ne pas l'avoir reconnue, demanda des nouvelles des anciens voisins, promit une visite. Moheb se montra empressé. Il fit une place à côté de lui pour Nada. Son voisin de gauche cligna de l'œil, le poussa du coude.

— Elle est libre. Et quelle bonne prise ! dit-il.

La conversation allait bon train, Nada était charmante. On la plaisantait. On s'entremettait. On trouvait qu'ils allaient bien ensemble, Moheb et elle. Les invitations se multipliaient. On les invitait à dîner, on les conviait à une réunion, à prendre un verre. On demandait à Moheb s'il était libre, puis on se tournait vers Nada. Elle savait qu'elle plaisait, mais elle n'avait jamais été autant sollicitée. Elle comprit, sourit malicieusement. Moheb lui plaisait. Moheb était séduit. L'un et l'autre acceptèrent les invitations, une façon plus facile et plus convenable de sortir ensemble ; la femme égyptienne doit veiller à sa bonne réputation. Attention, Moheb ! Ici, nous sommes en Orient. Et puis, tu as le regard du coureur, jaloux par-dessus le marché ; nous t'avons à l'œil. Nada est notre sœur !

Moheb raccompagna Rawya à son bureau. Il ne savait plus s'il aimait ou s'il détestait sa sœur. Le souvenir de Nada l'éblouissait. Et Rawya avait eu l'idée de défendre les droits de la femme adultère, à l'heure où il rencontrait cette merveille ! Elle connaissait l'art d'empoisonner la joie, Rawya !

Au fond de lui-même et malgré son pouvoir de séduction, Moheb n'avait jamais eu confiance en lui, comme si la blessure faite à son père avait laissé en lui une trace.

Sa sœur ne pouvait le comprendre, mais il voulait éviter une dispute. Il respira profondément pour se maîtriser. Il plissa les lèvres.

Devant une table vide, débarrassée de sa poussière et de toute paperasse, les mains croisées sur le bois de sapin, Rawya était assise. Et lui s'en allait. Il se dit : « Jamais je ne supporterai qu'une femme soit mon chef ! »

LE HÉROS DE LA PAIX

Moheb était heureux de flâner. Il aurait fait jusqu'au soir le badaud. Il regardait les vitrines, convertissait les prix en dollars, en francs suisses, en livres anglaises. La quantité de produits étrangers entassés partout, dans les vitrines, sur les trottoirs, le surprenait. Tout cela était nouveau pour lui. Le marchand de journaux se souciait peu des articles de Rawya, il n'affichait même pas son journal. Il préférait vendre un paquet de cigarettes Lark, Winston ou Rothman, une cassette, vierge ou non, un transistor Sony, un biscuit au chocolat, un crayon, une gomme fabriqués à l'étranger. Il cumulait, dans son petit kiosque, d'innombrables bagatelles venues d'Europe, d'Amérique, du Japon ou de Hong Kong. La vente des journaux locaux n'aurait pas suffi à le faire vivre.

Moheb sentit qu'il allait rire, rire comme un fou au souvenir de ces gens qui se prenaient au sérieux, là-bas, dans les bureaux du journal. Il s'éloigna du kiosque, siffla, mit la main dans sa poche, marcha tête baissée pour cacher son envie de rire.

Il continua son chemin à travers les rues bruyantes du Caire, animées par le désir de faire de l'argent, beaucoup d'argent. Les amis de sa sœur pouvaient le déplorer. Pour lui, rien ne sentait aussi bon que le parfum d'un argent vivant, en train de se multiplier.

Il fallait trouver moyen de faire fortune ! Faire fortune et épouser Nada !

*
**

Autour de lui, la foule devenait dense, se transformait en une houle de manifestants. Ils portaient sur des bannières l'effigie du « Héros de la Paix ». Des hommes d'affaires pressés, bloqués dans leurs voitures, maudissaient la folie des hommes ; d'autres n'osaient rien dire, de peur d'être pris pour de vulgaires traîtres. Quelqu'un osa crier haut et fort :

— Il a trahi sa religion. Il a pactisé avec l'ennemi !

Un autre enchaîna :

— Tu veux dire avec Israël ou avec l'Occident ?

— Le cheikh d'El-Azhar a publié un avis : la paix avec les juifs est conforme à la loi islamique.

— Tu ne lis donc pas les journaux, frère ?

— Bien sûr que je les lis. Mais du temps du président défunt, le cheikh d'El-Azhar avait publié l'avis contraire.

Un automobiliste impatient s'en mêla :

— Dieu, on lui fait dire n'importe quoi.

Moheb n'entendit pas la suite de l'altercation. Il fut entraîné par la foule. Il continua à marcher. Il ne savait pas où il allait.

La paix, il n'osait y croire. Sa mère lui disait souvent que les peuples ressemblaient à sa famille : des frères querelleurs aveuglés par le diable.

« Si tout le monde pensait comme moi, se dit Moheb, il n'y aurait pas de guerre. »

Il en était convaincu. Les assassinats lui faisaient horreur. Il n'avait jamais levé la main sur personne, même pas sur Rawya, malgré son insolence. Il n'avait jamais tenu de fusil. Sa mère avait payé vingt livres pour le dispenser du service militaire. La chasse n'était pas son plaisir préféré, excepté celle des femmes. Il avait blessé quelques moineaux, quelques jeunes filles aussi.

Moheb se laissa entraîner par l'enthousiasme de la foule.

Les manifestants y croyaient au Héros de la Paix. Lui aussi voulait y croire. Le Héros de la Paix existait ; comme le Grand Chat des vignettes antiques que lui montrait son père, quand il était enfant, il était capable d'arracher à l'obscurité des hommes aveuglés par les forces du mal.

Moheb eut l'illusion de voir clair.

« Il y aura la paix, se disait-il, et l'argent se multipliera encore plus vite, à une allure vertigineuse, et l'on vivra la belle époque de la restauration. Je me ferai une place dans mon pays. Je deviendrai riche. »

Il regarda autour de lui. Il lisait une certitude sur le visage de chaque manifestant. Il ne pouvait en douter ; l'Histoire changeait de direction. Moheb débordait de joie.

« Demain, je réaliserai les promesses inscrites dans l'album de photos de ma mère. Demain... »

Il n'étouffa plus son rire. Il le laissa éclater : un rire fou. Il ne marchait plus. Debout là où le passage souterrain rejoignait la croisée des chemins, il regardait la lente avance des manifestants et les innombrables voitures bloquées et les lions de bronze : deux sphinx à l'entrée du pont. Il pensa à sa belle Mu'ezza, qui avait le pouvoir du lion : celui de voir dans l'obscurité. Il pensa aux chats de l'escalier de service. Il crut voir partout leurs yeux : des miroirs de lumière.

Les manifestants continuaient de marcher, les voitures commencèrent à rouler. Lui regardait encore, fasciné par les lions de bronze du pont Kasr-El-Nil. Il eut faim et se remit à marcher. Il voulait atteindre les bords du Nil puis la grande place du marché, au cœur de la ville. Il dévora un épi de maïs grillé sur un feu de charbon de bois, un pain paysan tout chaud, bien gonflé, puis une patate douce, sortie d'un four en tôle rouillée, un sandwich de fèves assaisonné de pâte de sésame, un jus de goyaves, les dernières de la saison, des graines de lupin, des cacahuètes, des pois chiches. Il n'en finissait pas de boire et de manger. Il avait encore envie d'un mulet frais que l'on recouvre de son avant de le mettre à cuire dans le four du boulanger.

Le souvenir de Nada mit le comble à son bonheur. Il eut tant aimé partager avec Nada.

Il mangea son mulet. Il en donna la tête et la queue à un gamin pour nourrir le chat qu'il portait. Il s'attendrit, s'attarda à le regarder. Cet enfant était-il attaché à son ami comme il l'avait été, lui, à Mu'ezza ?

Des chats, il y en avait encore sous les bancs de bois de la boucherie, attirés par l'odeur des bêtes écorchées. Moheb voulut s'assurer que l'apprenti boucher les soignait bien. Il acheta des entrecôtes et du filet de bœuf pour mieux les observer, blottis derrière les planches de bois, méfiants, apeurés au moindre bruit. Le boucher emballa la viande dans un épais papier roux avant de le peser, pour tricher un peu sur le poids.

Le paquet sous le bras, Moheb se mêla de nouveau à la foule. Les passants se montraient aimables avec lui ; certains s'arrêtaient pour un sourire, un bonjour. Il ne savait pas s'il les connaissait, si c'étaient d'anciens professeurs. Il leur parla, émaillant sa conversation du nom d'Allah. Il en fut surpris.

« On peut encore parler de Dieu dans ce pays ! » pensa-t-il.

Il crut avoir retrouvé sa joie de vivre. L'air, sans doute, était plus léger qu'ailleurs, la foule plus gaie. On lui serra si chaleureusement la main. Encore un homme qu'il ne reconnaissait pas. Il avait l'illusion d'aimer tout le monde. Demain, demain. Il y aurait la paix. Et puis, qui sait, demain, il serait riche. Demain, il serait marié. Il pensa aux islamistes. Il se dit : ils ont du bon. Ils nous ont débarrassé des communistes. Ils se chargeront des féministes.

— Il n'y a de recours et de force qu'en Allah, dit un passant qui écoutait, bouleversé, le récit d'un grand malheur.

Ces mots enchantèrent Moheb, chassèrent les méchantes ombres qui le tourmentaient. Il eut un sourire intérieur en pensant au visage de Nada.

Ballotté par la foule, piétinant sur les ponts aériens de la place de la Libération, il se souvint de ce qu'il avait souffert avant de s'expatrier.

— La foule, la foule, mais c'est le peuple, lui disait sa sœur jumelle.

Et lui, qu'était-il ? Un élitiste ? Un esclavagiste ? Un capitaliste ? Rawya lançait ces mots et Moheb s'interrogeait sur lui-même. Il ne pouvait s'identifier à la foule pour plaire à sa sœur jumelle ; et que faire de son goût du luxe, de son amour des choses : le réfrigérateur, la voiture de sport, le tweed anglais, le whisky, le champagne ; il avait besoin de se sentir différent ; il avait peur panique de ressembler à Monsieur Tout-le-Monde.

La foule de son pays, il avait voulu la fuir. Un sauve-qui-peut.

Il en trouva une autre dans l'exil, moins dense, plus froide. Il y vivait comme tout le monde : prisonnier de son confort, de son goût du luxe, de son amour des choses, copie conforme. Ailleurs.

Ce jour-là, il retrouvait la foule de son pays, sa chaleur, sa joie, il se sentait revivre... comme un paysan venu à la ville parce qu'il croyait à ses mirages... lui croyait à la paix proche, imminente... au pays de cocagne, de lune éclairé.

Au cinéma, il croqua des pépins comme tout le monde. On aurait dit que le public simulait les cri-cri des grillons dans un étang.

A la sortie, il vit une paysanne, aussi belle qu'Om'Abdou dans sa jeunesse. Elle était assise par terre, à côté du marchand de cacahuètes et de pois chiches. Elle mangeait du pain et du fromage. Il s'arrêta pour faire avec elle un brin de conversation. Elle avait passé sa journée à la coopérative pour acheter quelques mètres de cotonnade. Elle avait dû se battre pour y parvenir et s'était fait traiter de putain parce qu'elle criait haut et fort et se mêlait aux hommes.

— La queue, dit-elle, faisait le tour du bloc d'immeubles, s'entortillait autour des marchands ambulants, traversait la rue, envahissait la place. Les gens, ici, n'ont pas le sens de l'ordre. Quelle misère ! Toute cette peine perdue pour quelques mètres de tissu vendus au prix subventionné !

Il dit :

— Je t'aurais tenu compagnie si j'avais su.

Elle jeta un coup d'œil méprisant sur l'épais papier roux. Elle rétorqua, sarcastique :

— Avec ton paquet de viande ? Tu es riche, toi. Tu peux tout t'offrir au prix fort.

Et puis :

— Alors, c'est toi qui fais tes courses ? Tu n'as donc personne pour te servir ? Va plutôt te chercher une femme. Fils de riche ! Va !

Et de cracher par terre ! Le charme était rompu, l'illusion envolée. Il n'était qu'un homme d'une autre génération, étranger au peuple. La qualité de ce qu'il portait lui sauta aux yeux : le coton de sa chemise, le drap de son veston, le cuir de ses chaussures. Tout le dénonçait, jusqu'à la façon de tenir sa cigarette, de faire la cour aux femmes ; même son paquet de viande emballé dans un épais papier roux dénonçait l'odeur de boucher, luxe des gens riches qui ont besoin, pour vivre, d'encore plus d'argent.

Les mots cinglants de sa sœur sifflèrent dans ses oreilles. Il se souvint d'innombrables mots cinglants. Sa mémoire en était lourdement chargée.

Il se drapa dans l'orgueil du chat errant. Seul, incompris.

REPAS DE FAMILLE

Le soir, il y eut ce dîner chez Rawya et Mokhtar. Tout commença d'une manière civilisée. Mokhtar prit des nouvelles de Moheb. Moheb s'informa de la situation de Mokhtar. Il parla des filles voilées, de l'étudiant derviche. Mokhtar donna des explications :

— Oui, le président a encouragé les mouvements religieux pour écraser, aux élections, les forces de gauche. Mais il a été pris à son propre jeu. Les mouvements religieux se sont retournés contre lui. Avec l'Infitah, les produits de la société de consommation ont envahi le pays. Les pauvres les convoitent, mais ils n'ont pas les moyens de les acheter ; ils vendraient leur âme au diable pour consommer aussi. Alors les dévôts accusent la corruption...

Moheb essayait de comprendre. Ce langage lui paraissait trop simple. Il voulait en savoir plus long.

Les deux beaux-frères vidèrent un verre ensemble, pendant que Rawya s'occupait des préparatifs du dîner. Mme Farid bey était dans son grand fauteuil. Elle les couvait des yeux, heureuse de voir son monde enfin réuni.

Mokhtar resservit un whisky à Moheb. Il expliquait encore.

— Tiens ! Une paire de jeans coûte le salaire mensuel d'un petit fonctionnaire. Une robe de chez Laura Ashley, celui d'un professeur de faculté. L'université est gratuite, mais les vêtements ne le sont pas. Alors les étudiantes modestes adoptent la robe longue que l'on peut facilement tailler dans quelques mètres de tissu ; elles couvrent leurs cheveux d'un voile et disent avec mépris de ces filles qui serrent leurs fesses dans des pantalons importés d'Amérique : « Elles ne connaissent pas la pudeur ! Regardez comme elles se maquillent ! Elles dénaturent la création de Dieu ! Et puis, le bikini, le topless, le nudisme représentent autant de scandales pour ces pauvres gens venus de Haute et de Basse Egypte, comme nos pères, il y a un demi-siècle. » Les modèles de la société de consommation n'offrent pas une image édifiante de l'Occident. Il ne faut pas oublier que le transistor et la télévision ont pénétré partout. Ils donnent le spectacle d'un modernisme dévoyé. Quand on n'a pas les moyens de le copier, on le condamne. Tu devrais conseiller aux Occidentaux que tu fréquentes de montrer une autre image d'eux-mêmes. Ici on voudrait bien trouver un modèle différent du leur.

Et les deux beaux-frères d'imaginer une nouvelle image de l'Occident et de l'Orient. Ils riaient, lançaient des plaisanteries. A chaque bon mot, ils échangeaient une poignée de main, une tape sur l'épaule.

Puis on passa à table. Le repas commença gaiement. Les enfants se joignirent à la fête. Elles étaient heureuses de voir leur oncle et leur père d'aussi bonne humeur. Elles parlèrent de leurs études.

Mokhtar ouvrit une bouteille de vin : le cru des Ptolémées, une excellente cuvée. Moheb apprécia. On le traitait bien. Il était flatté. Puis il fut question du Héros de la Paix, de son voyage à Jérusalem. Moheb exprima un espoir qu'il croyait être celui du pays.

— Maintenant que les relations avec l'ennemi d'hier se normalisent, dit-il, la politique d'ouverture économique réussira. Le pays se développera. Il exportera sa production. Il deviendra riche.

Mokhtar fronça les sourcils.

— Un traître, ce héros, un vendu, cria-t-il. Comme Pétain, Laval, Quisling... Ils sont nombreux de son espèce. Sa paix n'est qu'un changement d'alliance. On achète d'abord l'Egypte en lui rendant le Sinaï et on se retourne contre le reste du monde arabe. On attaque d'abord le Liban, on prend encore un bout de Palestine. Et le jour où nous oserons intervenir, on nous prendra le Sinaï.

Moheb haussa la voix.

— Où va le monde si on ne peut plus tendre la main à l'ennemi ? Tes mots sont vides et dangereux. Je n'aime pas que l'on parle ainsi d'un grand homme porté par la volonté du peuple. J'ai vu les manifestants. La foule l'applaudit.

Mokhtar arrêta son discours.

— Le peuple ! Il est muselé ! Il est payé pour manifester !

Moheb l'interrompit :

— Muselé ? Tu n'es pas muselé, toi ? Tu insultes à ton aise !

Mokhtar pâlit.

— Oui, je suis muselé. J'ai fait de la prison. J'ai même été torturé, autrefois. Mais je n'ai pas peur. Je suis prêt à recommencer. Je ne suis pas un lâche, moi !

L'alcool leur montait à la tête. Ils se levèrent. Debout de part et d'autre de la table, ils se lancèrent à la tête les idées marxistes et les idées capitalistes, les Russes et les Américains, l'islam et l'Occident.

— L'islam ? L'islam ? Voilà maintenant les communistes alliés des islamistes ?

Moheb en bégayait. Pas plus tard que la veille, ils se laissaient couler aux élections, accusés d'athéisme !

La querelle atteignit son paroxysme. Rawya tenta de s'interposer. Moheb et Mokhtar y allaient un peu fort. Comme ils ne l'écoutaient pas, elle les invectiva :

Sont-ils donc possédés par des maîtres russes et américains ces deux hommes ? Possédés ! Oui, comme Rawheya. Faut-il les exorciser ? Qu'ils dansent ! Ils seront libres, après.

Moheb et Mokhtar se turent, médusés. Un sourire forcé flotta sur leurs lèvres. Rawya aussi se tut. Un sentiment de sacré l'empêchait de parler : le souvenir de Rawheya.

Les deux filles échangèrent des regards ironiques. Elles ne

comprenaient pas les adultes, ni leurs ambitions. Elles doutaient de ces hommes qui se disputaient au nom de l'argent et du pouvoir. Elles voulaient rire, vivre, aimer.

LA CITÉ DES MORTS

Le lendemain, Moheb sortit en pyjama sur la véranda ; il appela la concierge d'une voix autoritaire, lui ordonna de porter son costume au repasseur ; il but un café turc et attendit.

Il y avait un an, jour pour jour, il avait trouvé le corps de sa sœur Rawheya qui flottait, noir, dans sa baignoire.

Personne n'avait su dire quand elle était morte. Elle vivait seule. Elle n'avait d'autre amie que cette veuve chrétienne qui ne pensait qu'aux anges et aux saints.

Ce jour-là, Moheb et Rawya devaient aller prier pour l'âme de Rawheya à la Cité des Morts. Moheb attendait son costume gris.

Sa sœur n'y tenait pas.

— C'était la grande sortie des femmes recluses d'autrefois, disait-elle.

Moheb insista. Il voulait voir les lieux où reposait Rawheya, prier, donner de l'argent et de la nourriture aux bêtes et aux pauvres en son nom, pour la paix de son âme.

179

Rawya disait :

— Il faut laisser Rawheya à la poussière. Les pauvres, là-bas, sont trop nombreux ; les billets de banque seront déchirés avant d'avoir servi, le repas écrasé avant d'être mangé. Une petite charité ne donnera pas à Rawheya la paix de l'âme !

Puis elle céda. Elle prépara tout la veille. Elle envoya des messages aux membres de la famille, à Ne'na'a, la gardienne du tombeau. La nouvelle passa de bouche en bouche.

Quelqu'un dira-t-il à la femme adultère que l'on va se recueillir auprès de la défunte ? Elle avait osé se montrer le jour des funérailles de Rawheya. Vieillie, usée par les larmes, elle serait allée encore une fois à la Cité des Morts.

Les autres, Rawya les avait invités à dîner le vendredi soir, pour qu'ils rencontrent Nada et Moheb. Rawya savait qu'ils n'iraient pas à la Cité des Morts. Les prétextes ne manquaient pas.

— Pourquoi l'âme de Rawheya serait-elle au cimetière ?

— Nous lirons *la Luminaire** en son nom.

En revanche, ils ne refusaient pas le dîner du vendredi soir. Tous préféraient les prémices de mariage à la tristesse des cimetières. Cela ne les empêcha pas de mettre Rawya en garde et de lui rappeler le vieil adage populaire : il est plus prudent de suivre un corbillard que de se mêler à la création d'un couple !

Om'Abdou voulut emporter de la nourriture. Elle avait vu Rawheya dans son rêve, au cœur d'une lune, à côté d'un palmier et d'un homme en prière. Elle réclamait le repas que l'on sert à toutes les fêtes du pays, chrétiennes et musulmanes : du mouton et de la *fatta*, mélange de riz et de pain. Mme Bassili avait encore son vieux cuisinier. Elle s'engagea à préparer la *fatta*. Déjà, tout l'escalier sentait l'ail rôti arrosé de vinaigre.

* La Luminaire est la première sourate du Coran.

Ils arrivèrent à la Cité des Morts. Rawya, Moheb et Mme Farid bey, de gris habillés, trop bien vêtus, jusqu'au voile d'organza de Farida qui rappelait les dames turques de l'époque royale. Seule Om'Abdou, enveloppée d'un crêpe noir, le panier de nourriture sur la tête, se fondait dans la foule.

Ils étaient venus à pied : ils avaient traversé de vastes artères et d'étroites ruelles ; longé des murs en ruine et de grands immeubles en construction ; compté les portes fermées des rares maisons mortuaires demeurées inoccupées.

La Cité des Morts grouillait de monde. Ce n'était plus l'ancien désert hanté par des femmes semblables à Om'Abdou, qui s'en allaient donner aux défunts leurs mets préférés. A perte de vue se dressaient, entre les somptueux mausolées des mamelouks et les maisons plus modestes des vieux cimetières, les immeubles surpeuplés des temps modernes.

Ils longèrent encore des forges en pleine activité, puis une école couverte d'un badigeon blanc, envahie par une foule d'enfants portant cartable au dos et tablier de toile grège, tous mis en rang dans la cour au son de deux tambours battant pour chanter en chœur, sur un rythme de marche militaire :

« Glorifions Allah
Allah est le plus grand
Ses paroles sont les plus belles
Leur lumière est éclatante
Glorifions Allah
Il a élevé les cieux
Sans le soutien de colonnes
Glorifions Allah
Entonnons ses louanges et reposons
Dans le bonheur et l'espérance. »

Plus loin, il y avait deux terrasses de café semées de tables et de chaises vétustes ; les clients fumaient la *shisha*, jouaient au tric-trac, commentaient la démarche des femmes, jeunes et vieilles. Moheb prit sa sœur et sa mère par le bras et pressa le pas. Deux femmes accompagnées sont protégées des quolibets. Puis il dut les lâcher : des poules, des canards, des chèvres, des moutons cherchaient leur nourriture dans des monticules de déchets ; il fallait se frayer un chemin séparément. Les clients des terrasses rirent aux éclats, applaudirent.

— Les filles de riches n'ont pas l'habitude !

Rawya leur sourit, Moheb fronça les sourcils. Il était de mauvaise humeur. Sa sœur, au contraire, regardait tout, les marchandes de quatre saisons qui vendaient des oranges et des tomates « douces comme le miel », « parfumées comme le musc », l'âne et sa charrette portant l'hydre de fèves cuites à l'étuvée, tenue au chaud sous un tas de haillons, le camion itinérant servant de magasin de vente aux produits de la coopérative, le coiffeur tenant boutique dans une baraque en tôle rouillée, le vieillard abritant son commerce de cigarettes sous un amoncellement de cageots vides, les chevaux qui tiraient leur charge de balles de coton...

A perte de vue, la population de la Cité des Morts s'entassait jusque sur la colline autrefois habitée par les loups, là où les étudiants en médecine allaient déterrer les cadavres qui servaient à leurs leçons d'anatomie.

Dans les ruelles désertes du cimetière élégant, celui de l'imam El-Shafe'i, on aurait dit qu'il y avait davantage de place pour les défunts. Derrière un mur de bougainvilliers le tombeau des Farid se cachait. Une porte en fer forgé, grande ouverte, un lit de fleurs bien entretenu y menaient. L'oranger, le goyavier étaient à leur place, le sycomore aussi. Les colombes échangeaient des confidences.

*
**

Ne'na'a les installa sur des chaises d'osier, dans la cour.
Elle offrit un thé, parla, s'activa. Un garçon et une fille
s'accrochaient à sa jupe. Deux jumelles pleuraient. Ne'na'a
était superbe ; elle sentait la menthe, luisait de propreté. Elle
arrosa la cour pour ôter la poussière.

Om'Abdou se souvenait encore de la saleté des lieux du
temps de sa belle-mère. Moheb inspectait. A côté du Primus et
de la bassine où trempaient des draps, il y avait un four neuf
qui le dérangeait. Le four déparait le parterre de fleurs ; il
s'harmonisait mal avec l'oranger, le goyavier et le sycomore.
Il en fit la remarque à Ne'na'a. Elle se fâcha. Ne pouvait-il la
laisser tranquille ? L'an dernier, il lui avait interdit d'élever
des poules et des canards. Elle n'avait aucun autre endroit où
mettre son four.

Moheb inspecta l'intérieur de sa petite loge. Il y avait une
télévision, une armoire, un lit ; le mari dormait encore. Aucun
espace libre. Le mari, dérangé, se réveilla, se lava discrètement, s'assit par terre en robe et bonnet blancs, réclama son
petit déjeuner de fèves.

On parla de Ne'na'a, si jeune, de ses enfants, déjà
nombreux. Rawya lui demanda pourquoi elle ne prenait pas
la pilule. Mais la pilule lui donnait la nausée, lui occasionnait
des douleurs dans les articulations. Ne'na'a se plaignait. Tout
la fatiguait : la pilule et les enfants ; et quelle misère d'habiter
avec les morts ! Si seulement son mari voulait partir travailler
dans les pays du pétrole, comme tant d'autres. Il serait revenu
propriétaire d'un taxi. Ils auraient logé ailleurs. Mais le mari
de Ne'na'a ne voulait rien entendre. Il était comptable au
théâtre et son travail lui plaisait. Au théâtre, il y avait des
lumières. On chantait, on dansait, au théâtre. Il y passait de
belles nuits. De temps à autre, il y invitait sa femme et ses
enfants.

Ne'na'a sortit un album. Sur les photographies, on les
voyait tous les deux, entourés d'artistes. Elle cita des noms

connus. Sur ses lèvres flotta un sourire de bonheur : celui de côtoyer des étoiles.

Farida remarqua que sur les photographies, Ne'na'a ne portait pas le voile noir, mais une robe courte, ornée de paillettes.

— Le voile noir, répondit Ne'na'a, c'est bon pour la Cité des Morts et pour les femmes qui étouffent l'âme avec leurs traditions.

Et que ferait donc Ne'na'a, si son mari partait vers les pays du pétrole et la laissait seule ? Etouffer de solitude ?

Ne'na'a raconta : son beau-frère partait régulièrement en Arabie séoudite ; la première fois, sa sœur en avait perdu la parole et le goût de vivre. On prétendit qu'elle était possédée par les *maîtres*. On fit un *zar* pour l'exorciser.

Et alors ?

La sœur se portait bien. Son mari était propriétaire d'un taxi. Il lui envoyait encore beaucoup d'argent. Mais toutes les fois qu'il repartait, elle refaisait un *zar*, pour calmer les *maîtres*.

Ne'na'a envoya sa fille chercher sa sœur et le magnétophone pour faire entendre aux Farid les échos de la fête. Ils avaient tout enregistré.

Na'ima arriva ; aussi belle que Ne'na'a, mais brune de teint. Les yeux de Moheb en rayonnaient de plaisir. On écouta le *zar*, on distingua le cri du bélier que l'on égorge, Na'ima qui parlait en transes...

La bande était terminée. Na'ima se mit à rire.

La veille, elle avait vu un *zar*, à la télévision. Les danseurs étaient français...

— Ils n'y ont rien compris, dit-elle. Il n'y avait personne pour entourer les danseurs. Il n'y avait pas de fête.

Om'Abdou, enveloppée de son grand voile noir, écoutait sa fille. Elle était fière de sa famille. Assise par terre, elle berçait les deux jumelles. Elle disait :

— Quand ils dorment, leur âme se change en chats qui abandonnent les corps pour s'en aller à la découverte du monde.

Le mari de Ne'na'a la regarda d'un air rêveur.

— Dans mon village, on raconte aussi que les jumeaux ont des âmes qui errent sous leur forme de chats. Il ne faut pas y croire !

Puis il se ravisa.

— Si on le dit, c'est que ça doit être vrai. Il ne faut pas jeter des pierres aux chats, Ne'na'a. Surtout quand les jumelles dorment.

Ne'na'a, qui voulait protéger les poussins de poules et de canards qu'elle élevait en cachette dans la cour voisine, n'était pas convaincue. Elle accusa les chats d'être des voleurs, des criminels et, tout en marmonnant des invectives contre eux, servit un plat de fèves fumantes, des galettes de pain. Puis elle s'en alla chercher les clés du tombeau.

La maison funéraire était accueillante. Il y avait des divans bas, des tapis persans, des lampes d'Aladin. Sur un beau lutrin en bois tourné serti de nacre reposait un Coran ancien, décoré d'enluminures. Ne'na'a avait tout nettoyé. Pas une toile d'araignée. Mais un relent de poussière, une odeur de renfermé donnait l'envie de fuir, de revenir au soleil, dans le monde des vivants.

Sous terre, il y avait Rawheya. A côté d'elle, il restait de la place pour le corps de Rawya et pour celui de Mme Farid bey. Dans le caveau des hommes, deux mètres de terre attendaient Moheb. Sur le mur, devant eux, trois plaques de marbre blanc ne portaient pas encore de nom.

Om'Abdou plaça le panier de nourriture sur la table.

L'officiant arriva. Il lut la *Luminaire* et quelques versets du Coran. Dans la maison mortuaire, le silence pesait. Om'Abdou le rompit : un curieux murmure de pitié passait au travers de ses lèvres pincées. Moheb en avait l'habitude. Autrefois, il croyait y comprendre un :

— Pauvre Rawheya !

Il lui demandait :

— Pourquoi pauvre Rawheya ?

Elle répondait :

— Son mari est un brave homme. Il l'aime beaucoup. Mais comment saurait-il comprendre les *maîtres* ?

Parfois, elle ajoutait :

— Une fille habituée au luxe, partir comme ça, avec une chatte et un homme, dans la solitude du Saïd. Elle est restée une orpheline, toute sa vie.

Dans l'atmosphère renfermée, oppressante, de la maison mortuaire, on entendit à nouveau le murmure de pitié d'Om 'Abdou. Il meublait le silence. Om'Abdou se retira discrètement. Elle se dirigea vers le modeste témoin qui indiquait la fosse commune où ses parents étaient enterrés. Puis vers le mausolée de l'imam El-Shafe'i. Elle frotta ses bras, ses jambes et ses mains contre les murs du tombeau pour guérir ses rhumatismes. Ne'na'a l'accompagnait.

Confortablement assis sur un divan, Moheb prenait le temps de réfléchir. Sa famille l'entourait. Il toussota, l'avenir immédiat le préoccupait. Il se râcla la gorge. Il parla.

Rawya n'avait pas su faire fructifier leurs biens. A dire vrai, elle ne s'en était même pas occupée. La tuyauterie de la maison de Sayeda Zeinab aurait dû être réparée en temps voulu. Elle pouvait toujours parler d'un mauvais drainage. Foutaise ! Pourquoi la maison voisine ne s'est-elle pas écroulée ? Et puis, elle aurait pu faire construire, au lieu de chercher à vendre le terrain. Il ne comprenait pas. Elle parlait au nom des oubliés de la terre et elle négligeait leur propre fortune. Etait-elle donc hypocrite au point de mépriser l'argent ! Il en fallait pourtant beaucoup pour soulager les miséreux et changer le statut des femmes. Moheb éprouvait une grande satisfaction à dire à Rawya ses insuffisances. Il parla encore. Un flot de lave. Il alla même jusqu'à accuser sa sœur de menus vols.

Rawya prit la mouche. Qu'inventait-il ? Lui fallait-il comptabiliser les meubles et l'argent de sa mère envoyés à l'étranger ?

Elle lui rappela en détail tout ce qu'il avait pris et qu'elle ne pouvait oublier, parce qu'il avait détruit l'âme de la maison de sa mère. Et sa voix et ses mains et son corps tout entier tremblaient de colère contenue. Puis elle se tut. Elle fit un effort surhumain sur elle-même pour se taire encore. Moheb eut peur de son regard de feu. Il se dit qu'elle était invulnérable, qu'il pouvait continuer à l'insulter, qu'il ne l'insulterait jamais assez.

Un chat guettait, derrière la fenêtre de la maison funéraire, le repas destiné aux défunts. L'odeur du mouton et d'ail rôti traversait le lacis de la couffe d'Om'Abdou. Le chat devait la sentir, derrière la fenêtre. Il y eut un silence gêné. Moheb pensait à Rawheya. Rawheya mêlée à la terre, enveloppée de son linceul blanc qui pourrait, à son tour, hanter les vivants, les posséder, posséder peut-être ce chat... Farida désigna le félin qui frottait son nez contre la vitre.

— Regarde, Rawya, regarde Moheb. On dirait qu'il est borgne !

Moheb voulait être sérieux. Il s'agissait pour lui d'attraper au vol l'occasion de s'enrichir.

— Décidez de ce qu'il faut faire. Moi, je suis loin. Il me faut le temps de liquider une ancienne vie avant d'en commencer une nouvelle. Rawya, tu dois savoir prendre tes responsabilités ! Et puis, il faut placer l'argent de Rawheya, même s'il n'y en a pas beaucoup. Au besoin, faire un emprunt. C'est avec de l'imagination qu'on réussit à faire fortune. Il y a bien des choses à tenter ; laissons l'hôtellerie aux sociétés multinationales et les grandes industries à l'Etat. Mais nous pourrions construire un immeuble sur le terrain de Sayeda Zeinab, prévoir des magasins au rez-de-chaussée, fonder une entreprise d'exportation ou d'importation. Quand la situation politique sera plus stable, j'investirai mes économies en devises étrangères. Je ne peux pas mettre tous mes œufs dans le même panier. Plus tard, toi et moi, Rawya, nous pourrions nous associer, monter une fabrique de conserves alimentaires ou une industrie de poulets. Il y a de plus en plus de gens aisés dans le pays. Ils désirent se nourrir mieux. Il faut prévoir la demande et y faire face.

Moheb, transporté par son rêve, imaginait sa photographie collée dans l'album de sa mère à côté de celles de grands hommes ; lui à la tête d'une grande entreprise ; Rawya en serait la gérante. Un brillant avenir se dessinait devant lui.

Rawya ne partageait pas les ambitions de Moheb. Elle étouffait sa colère qui montait, montait, comme les bulles de savon de la lessive d'Om'Abdou. Puis sa colère éclata, violente.

— Tu ne toucheras pas à l'argent de ta nièce ! Il te brûlerait les doigts !

— C'est mon droit, affirma-t-il, de par la loi religieuse. Tu ne contestes tout de même pas la parole de Dieu ?

Elle cria :

— La parole de Dieu arrange bien les hommes ! Tes droits, tu n'as que ce mot à la bouche. Et tes devoirs ? Parlons-en de tes devoirs. M'empêcher d'aimer. Veiller à ce que notre mère ne se remarie pas !

Mme Farid bey poussa un grand soupir. Quand ses enfants cesseraient-ils de la mêler à leurs éternelles querelles !

— Et la fille de Rawheya, l'orpheline, connais-tu tes devoirs envers elle ?

Moheb voulut se justifier.

— La fille de Rawheya a sa part d'héritage. Et puis, je l'aiderai si elle me le demande. Mais je ne la connais pas. J'ai vécu loin, si loin de tout.

Rawya, elle, connaissait bien la fille de Rawheya.

— Elle est repartie après un court séjour, écœurée, oui, écœurée par le comportement des hommes de la famille qui se sont partagé l'héritage de son père. Elle n'a eu que des miettes...

Rawya débordait de colère. Elle reprocha à son frère les

enfants qu'il avait sans doute semés aux quatre coins du monde, et son égoïsme et son inconscience et ses apparences d'homme pieux.

Il l'aurait giflée. Elle blasphémait. Il se retint parce qu'il pensait à Rawheya, à son père, enterrés, en train de devenir poussière.

Elle insulta encore, la sœur jumelle, et lui, serrait les dents de rage. Farida jouait à la martyre. Elle ne supportait plus ces querelles...

Il n'allait pas se laisser intimider par le regard de méduse de sa sœur. Elle ressemblait à la pauvre Mu'ezza, quand elle s'en prenait à un chien deux fois plus gros qu'elle. Rawya avait tout de la sorcière, avec son costume gris et sa chevelure rousse. Il se dit que la sœur jumelle si aimée était morte, tout à fait morte.

Elle attaqua, la sorcière ! Elle et Mokhtar n'avaient pas eu de fils. Ils prendraient leur part d'héritage, quelle qu'elle fût. Ils établiraient un contrat de vente et d'achat au profit de leurs deux filles. A leur mort, aucun homme ne partagerait leurs biens avec elles. Moheb pouvait chercher ailleurs un autre partenaire. Exploiter leur fortune ne les intéressait pas. Ils avaient mieux à faire !

Om'Abdou les fit taire. Majestueusement drapée de noir, elle avait le souci de nourrir les morts. Elle dominait. Elle leur parla de la vie devenue poussière, des regards invisibles, errant en ces lieux, de la dignité, du sacré, de la pudeur. Les jumeaux baissèrent la tête, rentrèrent les griffes. Ils se recueillirent dans le silence, intimidés par les mots d'Om 'Abdou. Puis ils repartirent, avec l'air consterné des gens en deuil. Ce fut à peine s'ils serrèrent la main à Ne'na'a et à sa petite famille.

*
**

A travers les rues tortueuses, grouillantes, de la Cité des Morts, Farida égrenait ses lamentations. Om'Abdou leur faisait écho.

— L'œil de la femme adultère nous vaut le malheur d'avoir trop de filles, dit Farida ! Et ces jumeaux qui n'en finissent pas de se disputer !

Om'Abdou :

— Demain, ils verront clair. Allah leur montrera sa lumière. Regarde les chats qui jouent ensemble après s'être griffés !

Farida se souvint de son père :

— Il nous disait : « Il faut se soumettre au frère. » Il nous répétait : « La barque qui a deux capitaines coule. Trop de cuisiniers brûlent le repas. » Nous respections sa parole. Moi, je parle à deux murs. La guerre est dans le cœur des jumeaux. Comment ose-t-on parler de paix ?

Elles passèrent devant les murs en ruine, les somptueux mausolées, les charrettes traînées par des ânes, les chevaux épuisés, les marchandes d'oranges, les restaurateurs populaires, les forges en activité, les troupeaux de chèvres et de moutons, les poules et les canards affolés.

Rawya et Moheb suivaient en silence ; ils étouffaient leur colère.

ENTRE DEUX VOYAGES

Nada plaisait à Moheb, mais il se montrait peu empressé auprès d'elle. Son avenir le préoccupait trop. Pendant tout le temps de son séjour au Caire, il essaya de monter une affaire. Les idées ne manquaient pas. Il s'inventait des vies nouvelles.

— Moheb rêve, disait Rawya quand elle lui cherchait des excuses.

Lui, à chaque fois, tenait sa sœur pour responsable de l'échec de sa tentative. La dernière en date concernait des réfrigérateurs. Il voulait importer des pièces détachées, les monter et les vendre à bon prix. Dans un pays chaud, peuplé de plus de quarante millions d'habitants, l'affaire pouvait rapporter gros. La réussite paraissait certaine. Cette fois-ci, un cousin allait lui servir de partenaire.

Aussitôt engagé dans l'action, Moheb se heurta aux innombrables difficultés administratives. Il ne sut pas faire face à la corruption du système : une jungle pour laquelle il n'était pas préparé. Son cousin n'avait rien du requin, ou du rapace. Et Moheb devait repartir travailler dans le Nouveau Monde, comme un quelconque salarié.

Préoccupé par tant de soucis, il se montra distrait avec Nada. Elle, rodée à la pudeur orientale, n'insista pas.

Les gens de bonne volonté ne s'avouèrent pourtant pas vaincus. Nada et Moheb se retrouvaient chaque soir chez les uns ou chez les autres. Et les amis ne se privaient pas de faire des allusions à un mariage possible. Ils avaient raison d'y croire encore. Quand Nada s'adressait trop longtemps à un autre qu'à lui, Moheb, jaloux, faisait assaut de séduction.

Le mois se passa ; il n'y eut pas de mariage.

Farida en était un peu responsable. Elle connaissait bien Nada. Elle l'avait vue grandir. Elle l'aimait tendrement. Il lui était même arrivé de souhaiter qu'elle épousât son fils. Mais à l'heure des choses sérieuses, tout changea. Elle se méfia de cette jeune femme aux cheveux oxygénés. Elle la dévisagea d'un regard neuf, critique, glacé et par ailleurs honnête : elle n'avait d'autre souci que le bonheur de Moheb, du moins le croyait-elle.

— C'est un enfant, disait-elle. Il faut le protéger.

Bien sûr, elle ne voulait pas mourir sans avoir vu naître le fils de Moheb. Bien sûr, elle attendait depuis longtemps son mariage pour l'accompagner dans son exil. Mais ce qu'elle découvrit en Nada était de nature à la faire choir dans l'estime de Moheb. Non seulement ces cheveux oxygénés, mais encore ce décolleté trop profond. Et cette manière de rire avec les hommes. On ne fait pas ainsi une épouse fidèle.

Moheb ne pouvait oublier l'ombre de la femme adultère.

Il partit le cœur gros. Et son départ devait être encore une fois définitif.

« Plus jamais », se disait-il, comme s'il était un de ces amants bafoués qui imaginent pouvoir oublier l'aimée. Son voyage : un constat d'échec. Plus d'une fois, dans ses déserts de neige, sa gorge se serrait d'y penser. L'envie le reprenait de retrouver le pays. Il se ressaisissait :

« Plus jamais », se disait-il.

*
**

Le retour avait été pénible. Le froid, la neige, l'interminable dégel. Moheb en avait perdu le goût de vivre. Il se terrait chez lui, comme les Esquimaux, l'hiver. Il couvait sa rancune et ce goût d'amertume. Il étouffait ses griefs ; même pas une lettre.

Il ne voulait plus se faire mal.

Mais dans cette ville gagnée sur les déserts de neige, son corps, telle l'aiguille d'une boussole à la recherche du Beau, s'orientait en direction du retour. Des souvenirs le séduisaient comme la flûte du magicien : un peuple heureux de vivre, de riches amis qui dépensaient, pour l'amuser un soir, le salaire d'un ministre ; les réveillons de Noël et du Nouvel An ; les sveltes gazouarines qui remplacent le traditionnel sapin, chargées de boules, de guirlandes, de lumières, d'innombrables décorations fabriquées en Europe, en Asie, au Nouveau Monde ; le champagne qui mousse et coule à flots ; toutes les joies du Caire peuplaient ses rêves.

Il y avait aussi les yeux de Nada. Nada qui signifie la rosée du matin. Nada dont le nom était une promesse de nouvelle naissance. Et le rêve de Nada lui fit entrevoir un autre mirage. Elle saurait l'aider, l'encourager. Avec elle, il recommencerait sa vie. Il devait oublier les conseils de sa mère. La solitude lui pesait.

Pendant le mois passé au pays, Moheb avait découvert le musée du papyrus. Un ambassadeur à la retraite, secondé par ses deux frères, d'anciens fonctionnaires du gouvernement, l'avaient fondé. Les trois hommes, de vieux amis de son père, l'avaient bien accueilli, lui avaient tout montré : la manière de cultiver le papyrus, de fabriquer le papier, de le peindre comme les Anciens, avec des couleurs naturelles. Ils lui avaient fait visiter la plantation de l'île Jacob. Ils lui avaient confié leur projet d'y reconstituer un village comme aux temps des pharaons.

Leurs enfants, installés à l'étranger, ne voulaient pas prendre la relève. Alors Moheb avait senti un nouvel espoir poindre en lui. Pour lui, le temps de la retraite était proche ; il pouvait même l'anticiper. Bientôt, il pourrait recommencer une vraie vie avec ces vieux amis de son père qui réalisaient le rêve de son père.

Il envoya à Nada une demande en mariage.
« Tu n'as pas besoin de t'engager. Viens seulement voir le Nouveau Monde. »
Et Nada répondit.
« J'aimerais tant. Mais comment quitter mon travail ? »

Et le silence, une deuxième fois, s'installa entre eux. De grands changements bouleversaient le pays. Les accords de Camp David avaient consacré l'alliance entre l'Egypte, l'Amérique et Israël, provoqué la colère des Arabes, des jeunes islamistes et des intellectuels de gauche. Lui, Moheb, contrairement à son beau-frère, s'en réjouissait. Il avait toujours préféré les Américains aux Russes.

Puis il y eut cette guerre du Liban que Mokhtar avait prédite.

Ensuite ce fut l'avènement de la République islamique en Iran et la fuite du shah, une défaite pour l'Amérique et pour ses alliés. Le président égyptien traita le nouveu chef spirituel de « fou lunaire ». Mokhtar, contrairement à Moheb, s'en réjouit. Il détestait toujours les Américains.

A chaque nouvelle, Moheb caressait la clé de son appartement de Guizeh ; sa nostalgie effaçait l'amertume.

Il fut sur le point de partir après la fuite du shah d'Iran en Egypte, quand les touristes, craignant la colère des islamistes, décommandèrent leur voyage. La tentation était grande d'aller voir les tombeaux des Nobles et des Rois sans avoir à redouter les hordes de visiteurs curieux de son passé.

Il rêva une nuit que les amis de Rawya l'emmenaient avec

Nada sur un de ces bateaux qui remontent le Nil, du Caire jusqu'à Assouan ; on se liguait pour les laisser seuls en tête-à-tête. Il enlaçait Nada. Il prenait le ciel, le soleil et la lune comme témoins de leur mariage.

Mais au réveil, il retrouva ce même goût d'amertume. Sa mère vieillissait, sa sœur se souciait peu de lui. Rawya et Mokhtar lui avaient toujours donné le sentiment qu'il leur faisait perdre leur temps.

Il renonça à partir...

Une deuxième fois, il fit appel à Nada, au sourire de Nada, à l'image de Nada pour effacer celle de Rawya.

Il lui écrivit :

« Je n'ai pas l'intention de m'éterniser dans ces déserts de neige ! »

Il insista. Il écrivit une autre lettre, encore une autre. C'étaient de véritables déclarations d'amour. Et Nada, qui s'étiolait dans le béton de la grande ville surpeuplée, Nada qui avait envie d'aimer et de vivre, Nada se laissa séduire.

Elle avait des cousins dans la ville qu'habitait Moheb. Elle pouvait partir sans se compromettre. Elle demanda un congé d'un mois.

Moheb prit son temps pour lui faire visiter la ville. Il se montra galant, empressé. Nada en fut éblouie. Elle oublia son travail. L'essentiel était de ne pas laisser passer une chance de bonheur.

Ils se marièrent au Consulat d'Egypte, en costume de ville.

Pour les festivités, ils se contentèrent d'un dîner au restaurant, en compagnie de quelques amis, des exilés comme eux.

Le solitaire de douze carats, qui avait servi à la femme

adultère et à la deuxième épouse de Farid bey, brillait au doigt de Nada.

Quand l'enfant s'annonça, Moheb se sentit écrasé sous le poids des responsabilités. Il n'entoura pas Nada des attentions qu'elle attendait, surtout pendant le long hiver et l'interminable dégel. Et plus tard, il prit ombrage de l'intérêt que portait Nada à sa fille ; il était jaloux du bébé, comme un aîné après la naissance du cadet. Il ne voulait pas partager Nada. Il était également jaloux lorsque Nada, avec son charme et son sourire, se faisait de nouveaux amis. Elle, habituée à plaire et à traiter les hommes en collègues, avait du mal à changer de comportement.

Elle renouvela une fois son congé ; quand elle promenait sa fille, elle croisait des femmes pressées, qui se rendaient à leur bureau ; elle se sentait alors triste, avec un curieux pincement au cœur, comme de jalousie, et un drôle de sentiment, comme de deuil pour celle qu'elle n'était plus. Elle enviait Rawya, son modèle.

Et malgré le bonheur d'avoir un mari et un enfant, elle pensait à l'enfer du Caire comme à un paradis où il faisait bon vivre. Elle n'eut plus qu'une envie, celle de partir.

Elle se demandait si, en se mariant, elle n'avait pas été, tout simplement, flouée.

*
**

Peut-être serait-elle restée dans le Nouveau Monde s'il n'y avait eu tous ces troubles en Egypte.

L'épouse du président avait offert aux femmes quelques modifications à leur statut privé. La jeune mère répudiée avait le droit de demeurer au foyer et l'épouse abandonnée celui de divorcer, peu de choses, en somme... Des prédicateurs en colère prétendirent pourtant que ces réformes étaient contraires aux préceptes divins. Ils traînèrent dans la boue la première dame d'Egypte. Ils dirent que le pays était gouverné par une femme et qu'il s'en allait à la dérive.

Le président multiplia les déclarations publiques certifiant que son épouse limitait ses activités aux domaines traditionnels des femmes : famille et œuvres de charité ; que les hommes de religion devaient aussi connaître les limites de leurs compétences et ne se mêler que des affaires divines ! En même temps, il décrétait que la loi islamique était la source principale de la législation égyptienne. Et c'était comme si un vizir avait donné une violente secousse à un sac de rats. On se battit dans un faubourg surpeuplé du Caire, étrangement nommé le Prieuré Rouge, un quartier pauvre où les hommes et les femmes n'ont d'autre recours qu'en Dieu. Une mosquée devait être construite sur un terrain appartenant à un chrétien qui voulait édifier là une église. Les uns tenaient à la mosquée, les autres à l'église. Il n'y avait rien eu d'officiel, à peine de vagues promesses contradictoires faites par les autorités locales aux deux partis. Pour défendre son terrain, le propriétaire fit venir de Haute Egypte de solides gardiens. Ceux-ci arrivèrent à l'aube. Les islamistes s'étaient réunis sur le terrain vague pour l'adoration rituelle ; les gardiens se ruèrent sur eux, brandissant de gros gourdins. Les fidèles dispersés, en colère, se dirigèrent alors vers la maison du propriétaire qui s'y cachait, un fusil à la main. Il tira sur la foule. On s'empara de lui, on le « coupa en morceaux », dit la rumeur publique. Et l'émeute éclata à tous les coins de rue, comme une guerre sainte. Les femmes elles-mêmes se lancèrent dans cette grande bataille, les unes pour défendre le Christ, les autres le Prophète.

Le président n'était pas le vizir de la fable. Il était pris dans une querelle qui s'envenimait, gagnait les universités du Caire et de la province, se répercutait dans les médias. L'opposition le menaçait. Il riposta en faisant jeter en prison tous les opposants au régime. Et les opposants se multiplièrent et les vagues d'arrestations déferlèrent sur un pays déchiré.

Mokhtar retourna encore une fois en prison et Rawya faillit cette fois partager son sort.

Nada saisit ce prétexte pour organiser son départ. Elle ne pouvait abandonner son amie qui avait le souci d'une mère vieillissante et de deux filles encore jeunes !

Moheb essaya d'abord de la retenir. Qu'irait-elle faire là-bas ?

Il ne fallait pas s'inquiéter pour Rawya. Elle était solide comme un roc. Elle tiendrait le coup.

Mais les événements se précipitèrent. Le président fut assassiné le jour anniversaire de sa grande victoire contre Israël. Au milieu du vacarme des blindés défilant : une fusillade. Les choses se passèrent comme dans la mélopée populaire que chante le poète en s'accompagnant de son rebab : on se vengea de l'homme en le tuant le jour de son mariage, au cœur de la fête.

L'assassin du président, un jeune islamiste, voulait gagner le paradis. Le président à peine mort, on parlait déjà d'abolir la réforme féministe de son épouse. La première dame, qui allait devenir la dernière, ne portait même pas le voile le jour des obsèques nationales...

*
**

Une accalmie suivit l'assassinat. Moheb décida que Nada partirait en premier avec l'enfant. Il lui donnerait la clé de l'appartement. Elle ouvrirait la maison abandonnée qu'elle connaissait si bien, elle la ferait revivre. Lui, la rejoindrait au moment des vacances de Noël.

RETOUR AU PAYS

L'avion, cette fois-ci, était à moitié vide. Les touristes avaient peur.

Une mouche bourdonnait, agaçant Moheb. Sa présence lui sembla insolite. Il la prit pour une messagère de son enfance qui lui disait :

— Il te faut maintenant changer de personnage. Tu as trop longtemps vécu dans le Nouveau Monde. Deviens un autre. Il en est temps.

Du hublot, Moheb regardait un soleil rouge s'abîmer dans la mer ; les nuages l'entouraient, crêpés comme la laine des moutons ; les couleurs d'un arc-en-ciel qui traversaient le bleu de l'azur dessinaient comme une traîne de fée.

Le soleil disparut peu à peu. Il s'éteignit. Il n'y eut plus que le gris du ciel, puis la lune pleine, aux reflets d'argent ; il y avait quatre ans que Moheb n'avait pas fait ce voyage.

Il vit de loin les feux de la ville. Sa mère l'appelait Lumière de l'Œil. Ce temps était loin, si loin. Le reconnaîtra-t-elle ?

La dernière fois, il était venu avec l'espoir de refaire sa vie, de réussir. L'espoir rebondissait... Cette fois-ci, il y avait Nada et sa fille. Tout devait être différent.

Mokhtar se trouvait encore en prison. Il y avait quatre mois qu'on l'avait enfermé.

*
**

Moheb n'attendait personne à l'aéroport. Il savait que Nada et Rawya étaient chez elles. L'une s'occupait de sa fille, l'autre de sa mère.

Le chauffeur de taxi qui l'emmena à Guizeh semblait se plaire à détruire son image du Héros de la Paix. Etait-ce bien du même président qu'ils parlaient ? Le chauffeur de taxi ne voulait même pas prononcer son nom. Il disait : l'*Enterré*. Il disait : *le fils du facteur* ou bien : *celui qui a jeté en prison nos docteurs, nos professeurs d'université, nos chefs religieux, le pape des chrétiens et les autres*. Toutes les fois qu'il était question de lui, il crachait par la fenêtre de sa vieille guimbarde. Et la haine accompagnait son geste.

Moheb en fut irrité.

— Nul n'est prophète dans son pays, dit-il. Surtout pas un Héros de la Paix.

— Ne te fâche pas, monsieur le bey, répondit le chauffeur de taxi. Ici, on est pauvre. On n'aime pas ceux qui ont le pouvoir. Si ceux-là pensaient à nous autant que nous pensons à eux, tout irait beaucoup mieux. Mais le plus grand d'entre eux est comme un père qui laisse ses enfants se battre pour des miettes et fait fête à l'étranger en partageant avec lui le gâteau.

Et il s'en prit à la corruption. Moheb ne l'écoutait plus.

« Cet homme parle trop et mal », pensait-il.

Ils passèrent devant la Cité des Morts. Moheb pensa à Rawheya. Puis à Ne'na'a. Les jumeaux avaient quatre ans, à présent. Ils devaient dormir. Il se demandait :

« Les défunts dorment-ils, eux aussi ? Viennent-ils animer les vivants ? Sous terre, ils redeviennent poussière et perdent leur identité. »

Moheb se posait toujours les mêmes questions qu'au temps de son enfance. Il regarda, par la fenêtre de la voiture, la lune.

Il voulut faire un vœu que la lune exaucerait. Réussir sa vie dans son pays ? Il n'osait même pas l'espérer. Pourquoi tenter encore une fois sa chance ? Il n'était pas de la race des requins et sa sœur ne l'aiderait pas. Il en avait pris son parti...

Un étau lui serra la gorge. Puis l'espoir revint. Cette fois-ci, il y avait Nada !

*
**

Il eut du mal à se frayer un chemin jusqu'à sa maison. Les voitures étaient garées sur deux rangs serrés de chaque côté de la rue. On aurait dit qu'elles s'étaient multipliées au rythme de la population. Il passa sur une sorte de passerelle posée en équilibre entre deux grands trous. Il appela le concierge pour savoir ce qui se passait.

Le chauffeur de taxi connaissait bien les lieux. Il dit :

— Le concierge est mort et sa famille est rentrée au village. A la place de son logis, on construit un restaurant et une pâtisserie. Le propriétaire veut aussi renvoyer la laveuse pour construire un cinquième étage.

Le chauffeur semblait prendre plaisir à irriter Moheb. Il ajouta :

— Monsieur le bey, les gens ont besoin d'argent, les riches encore plus que les pauvres !

Moheb le paya pour s'en débarrasser. Cet homme parlait comme Rawya.

*
**

Il était pressé de voir sa femme, sa fille, son appartement.

L'ascenseur n'avait pas bougé de place depuis quatre ans ; en panne entre le premier et le deuxième étage. Sa valise était légère, mais il montait avec lenteur. Moheb ne voulut pas admettre qu'il avançait en âge.

« Un manque d'exercice », se dit-il.

L'escalier était plus délabré qu'auparavant, les toiles d'araignées plus nombreuses.

201

Chez lui, il y avait du monde : la famille, les amis qui l'attendaient. Rawya le salua chaleureusement, lui fit de bruyants reproches.

Pourquoi n'a-t-il pas écrit pendant quatre ans ? Nada est son amie. Elle aurait mieux fait de ne pas lui présenter Nada !

Nada portait une robe de paysanne, un pendentif de bédouine. Fardée, radieuse. Moheb aurait voulu se trouver seul avec elle. Il l'enlaça, l'embrassa. Vous, les amis, ne regardez donc pas ! On le plaisanta. Il était content de les voir. Eux, lui donnèrent quelques tapes sur l'épaule, l'embrassèrent, une, deux, trois et encore une fois. Des rires fusèrent. La joie avait un goût d'eau fraîche. Le neveu des Bassili était là, ce jeune Morcos qu'il n'avait pas vu depuis si longtemps ; il y avait aussi les collègues de Nada et ceux de Rawya, ses cousins préférés. Il demanda où était sa mère.

Il ne devait pas s'inquiéter. Elle le reconnaîtrait. La photographie de Moheb ne la quittait pas. Les filles de Rawya s'occupaient d'elle et de l'enfant de Nada.

Il s'inquiéta de Mokhtar.

Mokhtar devait être libéré d'un jour à l'autre. Sa santé les avait inquiétés. Il était en ce moment à l'hôpital en compagnie d'islamistes. Rawya pariait qu'ils finiraient tous par devenir amis !

Moheb, surpris, n'insista pas. Il demanda ce qui se passait dans le quartier. Rawya et Nada ouvrirent les fenêtres. La lune éclairait le paysage. Du côté du salon d'été, les immeubles avaient poussé comme d'innombrables champignons. On creusait partout. L'eau du Nil attendait par endroits d'être aspirée par des pompes. Moheb s'affola.

Avait-on le droit de détruire ce qui restait d'espace vert ? La maison tiendrait-elle sous le poids d'un cinquième étage ? Ces machines qui creusaient tout autour provoquaient sans doute des secousses. Les pierres tremblaient peut-être. Rawya s'en était-elle inquiétée ?

— Je parie qu'elle n'a même pas consulté un avocat. Que fait donc Rawya ?

— Du calme. Du calme. Ici, c'est un autre monde. Il faut

chercher ce qui va bien quand tout va mal. Tiens, par exemple, les téléphones fonctionnent. Qui l'aurait espéré l'année dernière ?

Tous se mirent à rire et on passa à table. Rawya et Nada avaient préparé ensemble les mets préférés de Moheb : des cœurs d'artichaut en ragoût, des feuilles de vigne farcies, des pigeons au blé vert.

La soirée se passa gaiement. Moheb avait le sentiment de n'être jamais parti. Il renouait avec son passé comme s'il s'était à peine absenté.

Quand il n'y eut plus d'invités, il voulut voir toute la maison. Nada avait enlevé les housses, elle avait disposé des fleurs, comme sa mère le faisait autrefois. Il regarda avec nostalgie chaque meuble, chaque tableau, chaque bibelot, ces témoins de son passé. Puis il ferma les fenêtres, éteignit les lumières. Il s'installa dans la chambre de ses parents qui donnait sur l'escalier de service et sur le balcon d'été.

Couché dans le grand lit de son père, il se laissait envahir par les souvenirs de son enfance. L'affolement cédait la place à une joie diffuse. La maison pouvait s'écrouler. La mort serait belle dans un tombeau fait de vieilles pierres et de souvenirs. Cela ne dura qu'un instant. Le sommeil engourdit ses sens. Nada était dans ses bras. Il eut une vision de paradis.

LA MÉMOIRE DE FARIDA

Mme Farid bey perdait un peu la tête. Elle répétait sans arrêt les mêmes questions et oubliait aussitôt les réponses. Le temps perdait pour elle sa continuité et l'espace ses points de repère. Le passé devenait présent, le présent irréel, l'avenir rejoignait le passé. Les vivants étaient absents et les morts vivants. Elle quittait la maison de Rawya en cachette sans le souvenir d'une adresse ou de l'enchaînement des rues. Ses fugues n'avaient d'autre but que celui de rentrer chez elle, un bloc d'immeubles plus loin. Le quartier avait tellement changé depuis le temps de ses jeunes années qu'elle revivait dans le souvenir ! Passée la porte de sa maison, elle se trouvait happée par l'inconnu, assourdie par le bruit des klaxons. Elle cherchait un jardin et elle voyait un bloc de béton, une chaussée libre et elle était coincée par d'innombrables voitures. Elle disait que le monde était devenu fou.

Il lui arriva, en errant dans ces rues surencombrées, d'appeler son époux défunt :

— Ya basha ! Ya basha !

Son mari n'avait jamais été un pacha. Pourquoi l'appelait-elle ainsi ? Les gens se retournaient et ricanaient. Rawya, partie à sa recherche, mettait parfois des heures à la retrouver. Le portier de l'immeuble, le marchand de cigarettes, l'agent de police, le vieux locataire qui connaissait encore les habitants du quartier veillaient aussi sur sa mère. L'un ou l'autre la ramenaient à Rawya quand elle partait à la dérive.

Farida était tombée et s'était cassé le col du fémur peu avant l'emprisonnement de Mokhtar. Il l'emmena à l'hôpital. On l'opéra. Depuis lors, elle marchait péniblement, s'appuyant sur une canne ; elle ne faisait plus de folles fugues.

L'ombre de Farid bey ne la quittait pas. Elle se levait à l'aube pour prier et déjeuner avec son époux. A dix heures, elle voulait lui préparer son café. Dans sa tête perturbée, dix heures sonnaient à toutes les heures de la journée. Ni la lune ni le soleil ne lui auraient fait changer d'avis quand elle décidait qu'il était dix heures, l'heure du café. Elle n'en finissait pas d'attendre Farid pour rentrer chez elle avec lui. Chez elle, toute sa famille l'attendait. Il y avait même *Aneshta*. Elle oubliait qu'un Frère musulman l'avait abattu. Chez elle, il y avait aussi Mu'ezza, la compagne d'un temps de bonheur.

Quel âge, quels traits avait l'ombre de Farid bey ? Rawya avait jadis surpris sa mère penchée sur son lit de mort. Elle redressait les moustaches en croc de son père enveloppé de son linceul. Il ressemblait alors à un pacha turc. Que restait-il encore de lui dans la mémoire de Farida ? Ce faux titre de pacha, cette façon qu'il avait eue de chercher dans les fonds des cendriers les traces d'un visiteur indésirable ?

Mme Farid bey se sentait très seule quand Rawya ne se trouvait pas à ses côtés. Seule et angoissée. La petite famille de sa fille était devenue son refuge.

Rawya la soignait avec beaucoup de tendresse. Elle vénérait sa mère. Elle l'avait bien détestée, un temps. Sans doute parce qu'elle l'aimait trop et supportait mal de ne pas être la préférée.

Farida suivait les gestes de sa fille. Rawya recréait l'image de Mokhtar comme elle, autrefois, avait changé celle de Farid. Elle lui avait fait faire un costume de prisonnier chez le meilleur tailleur de la ville ; elle soignait le colis hebdomadaire, y mettait ces raffinements qui aident à oublier la prison, l'hôpital. Elle parlait de lui comme d'un héros. Elle coupait des roses, arrangeait un somptueux bouquet pour le recevoir dans une maison belle et gaie.

— As-tu acheté ces roses à la pépinière voisine ? demanda Farida.

— La pépinière ? Ce qui en reste abrite à peine quelques plantes.

Rawya se répétait sans s'impatienter. Elle en prenait l'habitude. Son fleuriste se trouvait à Garden City, à mi-chemin entre son bureau et sa maison. Elle s'arrêtait souvent chez lui, pour rien, pour voir ce qu'offrait le marché. Tout le monde la connaissait dans le magasin, l'accueillait bien.

Farida savait aussi la magie du vêtement, des mots, des fleurs pour réconforter un homme, lui donner de lui-même une image flatteuse. Sa fille lui ressemblait d'une certaine façon. Farida aimait se voir à travers Rawya. Elle aurait bien fait quelques corrections à ce portrait d'elle-même. Mais elle n'avait plus le pouvoir de modeler Rawya.

Alors Farida priait, avec concentration, avec entêtement.

— Qu'Allah protège du mal et de l'enfer ! disait-elle.

Puis elle jouait aux cartes, ce jeu de patience solitaire. Le voile de la cataracte l'empêchait d'y voir clair. Elle distinguait le rouge du noir, mais plus du tout le carreau du cœur et le trèfle du pique. Le jeu de patience l'aidait à attendre, attendre que Rawya revînt du bureau ou de la chambre voisine, ses petites filles de l'école et ses morts-vivants d'on ne savait où. Et Moheb. Et Mokhtar. Mokhtar, quand donc viendra-t-il pour une partie de tric-trac ? Rawya lui dit que ses amis avaient été libérés, qu'il viendrait bientôt. Mais Farida avait déjà oublié Mokhtar. Moheb ?

*
**

Moheb vint et Farida ne le reconnut pas. Elle demanda à Rawya qui était ce visiteur.

Moheb, dit Rawya. Alors elle demanda des nouvelles de

Moheb. La surdité et le voile de la cataracte en étaient peut-être responsables. Moheb s'assit près d'elle. Il lui dit qu'elle n'avait pas changé, qu'elle était la plus belle. C'était à peine si elle boitait un peu. Et puis les douleurs, elle avait toujours su composer avec elles, jouir de la vie malgré elles.

Il savait lui parler, mieux que sa sœur jumelle. Peut-être reconnut-elle Moheb. Son visage rayonnait. Elle lui demanda des nouvelles de ses morts-vivants.

Aneshta ! L'avait-il vu dernièrement ? Avait-il donc oublié *Aneshta* ? Il lui dit que son beau-frère avait été assassiné par un Frère musulman. On craignit qu'elle ne se mît à pleurer. Non. Elle n'en croyait pas un mot. *Aneshta* était bien vivant. Elle attendait *Aneshta*, qui devait venir pour l'emmener chez elle. Oui, elle devait rentrer vite chez elle, pour voir si Mu'ezza n'était pas enfermée dans son armoire. Elle l'avait cherchée partout sans la trouver. Moheb lui dit qu'il occupait son appartement, qu'il dormait dans sa chambre à coucher avec son épouse, Nada, que Mu'ezza était morte.

Nada, Nada... Farida se souvenait de cette femme aux cheveux oxygénés, au décolleté si profond... Nada était venue la voir aussi souvent que possible. Son enfant passait des nuits dans l'appartement de Rawya. Farida avait bien vu le solitaire de douze carats briller à son doigt, celui qu'elle n'osait plus porter depuis qu'elle avait cru voir, dans la transparence de la pierre, le mauvais œil de l'épouse adultère. Elle l'avait donné à son fils. Pensait-elle qu'il ne le glisserait jamais au doigt d'une fiancée ? Que se passait-il dans la mémoire perturbée de Farida ? Elle dit :

— J'espère que Moheb ne l'épousera pas !

L'OMBRE DE LA FEMME ADULTÈRE

Le doute s'empara de Moheb. Il avait toujours cru aux pressentiments de sa mère. Chaque fois qu'il avait voulu se marier, il lui avait demandé conseil. Et toujours, elle l'avait mis en garde. Il pensa alors que sa mère n'acceptait pas Nada. Et ce refus déguisé lui rappela son père, son déshonneur, la torture endurée. Il regretta de s'être embarqué dans le mariage.

Il se ressaisit. Sûrement, il donnait libre cours à des fantasmes. Après tout, il ne s'agissait que des égarements d'une mère qui ne reconnaissait même pas son fils. Lui aussi déraisonnait.

« C'est grave », se dit-il pour retrouver ses esprits. Personne ne lui a rapporté que Nada avait un amant. Allait-il être assez fou pour laisser le doute gâcher son bonheur ?

Le doute est tenace. Il le reprit chez Om'Abdou.

La vieille laveuse n'avait pourtant rien dit. Rien que du bien de cette femme radieuse qui avait apporté la joie dans la maison et de ce bébé qui lui rappelait la petite Rawya.

— Cela fait longtemps qu'on n'a pas entendu un babille-ment d'enfant, dit Om'Abdou. La maison a trop vieilli. Cette dame et sa fille, c'est comme une robe de mariée sur des murs croulants.

Puis Om'Abdou ne parla plus que d'elle-même, pensant que Moheb n'avait de souci que pour elle.

— Mon mari a reçu la baraka d'Allah, dit-elle joyeusement : il est devenu riche à travailler comme potier dans les pays de l'or noir ; il a fait le pèlerinage de La Mecque ; il ne boit plus. Et je vais te faire une confidence. Il ne m'a jamais vraiment remplacée. Toutes les femmes qu'il a épousées, il les a répudiées. A présent, il veut me construire une maison à Kasr-Hour.

Om'Abdou rêvait. Moheb ne l'écoutait plus. La vie souriait à la vieille femme. Il en était content pour elle, mais il aurait aimé l'interroger, apprendre d'elle qui fréquentait Nada.

Il n'osa pas poser de questions. Il avait honte de lui-même. Et pourtant, il aurait aimé savoir...

*
**

Nada plaça son enfant chez une voisine pour pouvoir travailler.

Moheb, oisif, errait dans les rues de la ville. Les retrouvailles avec la capitale ne l'avaient pas rendu heureux. Le Caire ressemblait à la Cité des Morts : un immense cimetière grouillant de gens et de véhicules. Les chats étaient innombrables et, pourtant, il aperçut un rat à travers une trappe d'égout. On l'informa que la ville en était infestée.

— Même les rats quittent le village pour la ville. Ils courent après les poubelles des riches. Pire que les humains, dit un badaud.

— Qui a dit que les rats ne s'entendaient pas avec les chats ? dit un autre badaud.

Moheb prit peur.

*
**

Etait-il donc revenu pour répéter l'échec du premier

210

mariage de son père ? Voilà qu'il n'osait pas rentrer chez lui, de peur de constater son malheur.

Il continua à errer, sans joie. Les événements de la veille composaient un film dans sa tête. Le neveu de Mme Bassili lui parut suspect. Il voyait en lui comme en lui-même : un bel homme qui aimait encore séduire. Tous deux se ressemblaient trop. Une image le poursuivait. Il voyait le neveu de Mme Bassili parlant du temps de son adolescence ; Nada et Rawya qui riaient...

Il tenta de se raisonner. Folie que de soupçonner le neveu d'une voisine parce qu'il causait avec sa femme dans un salon ! Il essaya de penser à lui-même et à son avenir. Mais sitôt qu'il songeait à lui, il se sentait envieux. Même le mari d'Om'Abdou avait mieux réussi sa vie que lui. Leur conversation sur la terrasse prenait du relief. Il se disait :

« Le potier pourra rentrer vivre dans son village. L'argent qu'il a gagné dans les déserts de sable lui servira à faire fortune dans un coin perdu de la Haute Egypte. Om'Abdou le soutiendra. Elle mènera son commerce. Une épouse solide, Om'Abbou. Il n'est pas bête, cet homme qui se saoulait et se droguait. Se convertir ainsi, à l'heure où la baraka lui tombe du ciel, et savoir choisir parmi les femmes celle qui lui assurera la fortune ! Om'Abdou sera comme la grenouille qui surgit à la lumière du fond de la boue, déesse à Kasr-Hour, et son mari comme le dieu potier Khnoum.

Lui, le confort des villes du Nouveau Monde l'avait perdu. Il ferait mieux de placer ce qui lui restait d'argent dans une banque étrangère et se réfugier loin, loin de ce vacarme qui déjà le détruisait, l'étouffait.

A quelques pas de sa maison, il voulut rentrer dans le musée du papyrus. Il se ravisa. Il ne ferait jamais rien de bon. Il mourrait comme son père, avec un rêve que d'autres réaliseraient. Quelle folie le prenait donc quand il se trouvait au loin ? Pourquoi avait-il imaginé que tout serait possible ?

*
**

Il était trois heures de l'après-midi quand il rentra chez lui. Nada était là. Elle préparait une omelette et une salade pour le déjeûner. Il y avait aussi des fruits, des fromages, du bon pain chaud. L'enfant dormait. Moheb attendait son repas. Inconsciemment, il regardait les fonds de cendriers. Le neveu de Mme Bassili fumait des cigares. Il renifla comme un relent de tabac, mais les cendriers étaient vides. Le domestique que Nada partageait avec deux de ses voisines avait sans doute tout nettoyé ; personne ne semblait être venu dans la matinée. Nada, d'ailleurs, rentrait à peine de son bureau. Elle n'avait eu que le temps de mettre sa fille au lit. Moheb, irrité contre lui-même, ne desserra pas les dents pendant le repas. Après, il se plongea dans la lecture d'un journal.

Le soir, ils se rendirent chez Rawya, burent une bière, grignotèrent des *mezzes*, ces amuse-gueules à l'orientale qui composent un véritable repas. Le neveu de Mme Bassili était encore là. L'imagination de Moheb se ranima. Nada, irritée par les incessantes sautes d'humeur de son mari, plaisanta avec le neveu de Mme Bassili. La mère de Moheb, tapie au fond de son fauteuil, la dévisageait avec désapprobation, du moins Moheb le vit-il ainsi. Il demanda un whisky. Il avait besoin d'un alcool fort pour oublier toutes ses désillusions. Nada en fit autant. Elle aurait aimé se saouler. Si seulement elle y arrivait ! Depuis le temps qu'elle n'avait que des soucis, courant sans cesse de son bureau à sa maison, travaillant tout le temps, il lui fallait rire un peu, ne fût-ce que pour digérer la mauvaise humeur de Moheb qui pesait lourd sur son cœur ! Moheb but un, deux verres, puis il entama une conversation galante avec une amie de sa sœur. Nada, Rawya, le neveu de Mme Bassili en étaient aussi à leur deuxième verre. Les yeux brillaient, on égrenait ses souvenirs à haute voix.

— Les belles soirées au bord de la mer, dit Nada ! Nous allions dans la cabine de Mme Bassili, à Stanley Bay. Tu nous jouais des ballades sur ta guitare. Et ton cousin, l'accordéoniste ? Qu'est-il devenu ?

— Il s'est converti à la religion. Il n'arrête pas de répéter : « J'ai fauté, que Dieu me pardonne. » A son voyage de noces, il a laissé sa femme dans une chambre d'hôtel à Paris et il a fait les boîtes de nuit avec moi ! Il ne priera jamais assez pour se faire pardonner !

— Si tu n'avais pas été chrétien, tu aurais épousé Rawya, dit Nada.

— Ou bien Nada, dit le neveu de Mme Bassili avec une courbette et un sourire de séducteur.

Moheb n'avait plus envie de rire, ni de faire le galant. Ce qui s'était passé autrefois entre Nada, Rawya et le jeune Morcos, il ne s'en était jamais douté. Se passait-il quelque chose ce jour-là ?

Il trouvait ces femmes trop libres. On leur lâche un peu la bride, les voilà parties au galop, prêtes à bafouer l'honneur. Les mots de sa mère résonnaient aux oreilles, son regard le forçait à ouvrir les yeux. Il voyait ce que son père avait longtemps refusé d'admettre, pour vivre heureux. Et Nada qui plaisantait encore, pleine d'amertume. Mais Moheb ne sentait pas, ne percevait pas l'amertume.

La colère éclata dans la chambre de ses parents. Nada eut beau essayer de le faire taire, pour l'enfant, parce qu'elle était lasse, elle n'y parvint pas. Il cria. Il insulta. Et sous l'effet de l'alcool — comme elle avait raison, Farida, de dire que l'alcool entraîne avec lui le démon —, il prononça ces mots définitifs, que l'on entend peu chez les gens cultivés :

— Tu es répudiée. Fais tes bagages. Va-t-en. Je t'ai dit de t'en aller !

Et Nada, qui flamboyait de colère, répondit :

— Tu pourrais, toi, t'en aller ! Ici, je suis chez moi !

Nada lui expliqua avec détermination qu'il n'avait plus le droit d'agir ainsi. Elle était même prête à appeler la police pour mieux le lui faire comprendre. Le seul mot de police fit pâlir Moheb. Il la redoutait depuis les années d'université. Mais il n'allait pas se laisser voler. Son appartement représentait la sécurité de sa vieillesse. Il n'avait pas l'intention de le quitter.

En tout cas pas de cette façon-là !

Il s'en alla dormir seul, dans la chambre qu'il occupait lorsqu'il était petit, fulminant contre Nada, mais encore plus contre son modèle, Rawya, cause de son mariage, de son malheur et de celui de toutes les générations à venir ! Ce damné féminisme avait gâché sa vie. Il était la cause de tout. A présent, l'homme ne pouvait même plus châtier sa femme quand elle le méritait. Et c'était lui qui était renvoyé de *son* appartement. Moheb enrageait.

LA RAGE

Moheb était arrivé le mercredi soir.

Le matin du vendredi, pendant que Rawya donnait son linge sale à Om'Abdou, un chat entra par la porte de la cuisine laissée entrouverte. Sa fourrure était mouillée, ses yeux malades, hagards. Rawya n'avait pas le temps de s'en occuper. Elle le poussa gentiment du pied vers l'escalier de service. Alors il bondit sur sa jambe, puis sur son épaule, sur sa tête. Il la mordit près de l'œil gauche. Om'Abdou le tira par la queue pour lui faire lâcher prise. Il s'enfuit.

Rawya pleurait. Elle avait un peu mal. Elle était surtout énervée d'avoir perdu tout ce temps. Elle avait trop à faire ce vendredi, jour de congé au journal. Il lui fallait s'occuper des enfants, des courses, de la vaisselle de la veille, ôter cette poussière qui ternit les meubles, les bibelots, qui revient sitôt enlevée. Les visiteurs s'annonçaient nombreux pour le retour de Moheb, pour la libération imminente de Mokhtar.

Elle se lava avec du savon et beaucoup d'eau. Les morsures n'étaient pas profondes : un peu de chair arrachée au mollet, presque rien sur la tempe. Elle fixa un pansement au-dessus du sourcil gauche, une gaze autour du mollet droit, mit un pantalon pour dissimuler le pansement, arrangea sa frange sur le côté. Puis elle partit, au pas de course ; elle devait rattraper la demi-heure perdue, précieuse, trop précieuse, laissant Om'Abdou et sa mère étourdies par la rapidité de ses gestes.

Le rythme de la vie se ralentit. La laveuse et sa maîtresse retrouvèrent le même souvenir. Toutes deux pensèrent au chat noir qui avait une tache blanche sur la tête... Elles l'avaient déjà vu une fois sur la felouque, avant les journées de grand froid, quand le Nil était en crue. En ce début de décembre, le fleuve s'était calmé. Moheb dormait paisiblement, mais son âme féline rôdait.

Mme Farid se souvenait de tout. Elle raconta à Om'Abdou comment la bête avait griffé Rawya, les piqûres qu'on lui avait faites...

— Moheb dort encore. La chatière est ouverte, dit Om'Abdou. Je suis passée voir s'il n'avait besoin de rien.

Superstition ? Appréhension ? Certitude de voyantes ? Tout cela réuni ? Les deux femmes se regardèrent et dans leurs yeux on pouvait lire une peur folle, l'annonce d'un grand malheur.

Ce soir du vendredi, les invités discutèrent beaucoup l'incident. On n'épargna à Rawya aucune recommandation.

— Va voir le médecin.

— Recherche le chat. Assure-toi qu'il n'est pas enragé.

— Ne prends pas tout à la légère.

— Tu as des enfants, des responsabilités.

On déplora l'absence de Mokhtar, le manque d'autorité de Mme Farid bey. Et Nada ? Pourquoi n'était-elle pas là, ce soir ? A cause du bébé ?

Rawya promit d'aller voir le médecin, de rechercher le chat. Moheb promit, du bout des lèvres, de s'occuper de sa sœur. On aurait dit que l'affaire ne le concernait pas. L'atmosphère semblait, une fois de plus, tendue entre les jumeaux. Une cousine osa même formuler une plaisanterie qu'on qualifia de « chauve », parce qu'elle était usée :

— En voilà deux qui se détestent d'un amour fraternel.

Mme Farid bey n'avait fait part à personne des appréhensions qu'elle partageait avec Om'Abdou. Sa peur ressemblait à une certitude ou à un destin.

Quatre jours s'écoulèrent. Rawya ne tint pas ses promesses. Moheb ne s'inquiéta pas de sa santé. Il était sombre, susceptible. Rawya ne trouvait toujours pas le temps d'aller chez le médecin ou de faire rechercher le chat malade. Il y avait le travail au journal, à la maison ; elle devait s'occuper des devoirs des enfants, répondre au téléphone, préparer un colis pour Mokhtar, le dernier peut-être, se préoccuper de trouver quelqu'un pour l'aider dans les tâches ménagères, s'assurer que sa mère avait pris ses médicaments, que ses beaux-parents ne manquaient de rien. A la fin de la journée, elle faisait l'économie des mots inutiles. Moheb, qui se sentait humilié par Nada, cherchait chicane à Rawya qu'il tenait pour responsable de son malheur.

— Le beau travail que tu as fait, toi et ton équipe de féministes ! Cela te plaît-il que l'homme soit bafoué ? Nada est encore plus insolente que toi. On ne peut plus lui parler. Madame prend des airs !

On devinait la colère dans les beaux yeux de Rawya, comme des éclairs dans un ciel d'orage. Moheb lui faisait perdre son temps, autrement plus précieux que l'argent. Il s'ingéniait à susciter la discussion par mille biais inattendus. Il la harcelait.

— Tu es une ambitieuse, petite sœur. Tu utilises les femmes pour ta gloire personnelle. Avoue-le. Tu ne penses qu'à ta carrière ! Tu aurais mieux fait de nous assurer une vieillesse confortable.

Il la tenait responsable des occasions perdues.

— D'innombrables fortunes se sont faites sous ton nez, petite sœur. Tu vivais dans le pays. Tu aurais pu mieux employer ton temps.

Pourquoi donc exigeait-il tant d'elle ? Elle croulait déjà sous

217

le poids d'innombrables obligations. Elle ne voulait pas être le pilier de sa famille.

Lui criait d'une voix prophétique :

— Ton nom t'est monté à la tête, petite sœur ! Tu crois donner à boire à ceux qui ont soif ; tu n'as que des mots à offrir. Ne grimpe pas trop vite. Les sommets sont froids, très froids.

Il n'avait plus cette voix brisée qui avait l'air de dire : « Souviens-toi ». Comme pour rappeler une enfance heureuse.

Ensemble, ils n'aimaient plus rien. Et lui trouvait les mots qui blessent.

— Sur la plaque de marbre qu'il y a là-bas, dans la Cité des Morts, on inscrira : Rawya, Rawya Farid, la grande féministe. Les gens viendront de tous les coins du monde te rendre hommage.

Et Mme Farid bey pâlit. Elle eut peur, peur de la mort, peur d'une mort totale qui ne mène à aucune vie.

*
**

Mokhtar sortit de prison quatre jours trop tard. Ce fut d'abord la joie délirante du retour, un va-et-vient d'amis et de parents. On n'en finissait pas de le féliciter, de l'admirer. Il avait maigri en prison et cela lui allait bien.

Il vit les pansements au pied, au front. Mais Rawya ne voulait pas gâcher sa joie, elle fit un geste évasif.

— Ce n'est rien. Rien du tout, dit-elle.

Des amis lui racontèrent l'incident par le menu. Mokhtar, furieux, s'emporta contre la famille, les amis qui s'étaient contentés de donner des conseils, contre ce frère à l'âme malade qui n'en finissait pas de harceler sa sœur jumelle...

Mokhtar aimait Rawya. De gré ou de force, il l'emmènerait à l'hôpital, la ferait soigner.

Au lendemain de sa sortie de prison, on fit à Rawya la première de ces douloureuses piqûres qu'elle avait subies quand elle était enfant.

218

La colère de Mokhtar ne se calmait pas. Pourtant, tout semblait rentrer dans l'ordre. La blessure au pied n'était plus douloureuse. Le front était guéri. Les invitations en l'honneur de l'arrivée de Moheb et de la libération de Mokhtar se multipliaient. On voyait partout Rawya accompagnée de son frère et de son mari, qui riait. On s'étonnait à peine de l'absence de Nada. On enviait Rawya d'avoir deux hommes pour elle seule. Ses articles paraissaient régulièrement, en bonne place dans son journal. Rawya était une femme qui avait réussi.

Cependant, Om'Abdou ne partageait pas l'optimisme général. Elle faisait de mauvais rêves. Elle voyait dans son sommeil l'appartement de Moheb vide, le lustre brisé, Rawheya tirant Rawya par la main... Elle en parla à Mme Farid bey. Les lamentations des deux femmes se faisaient écho.

Pourquoi donc les gens heureux attirent-ils le mauvais œil ?

L'œil de Satan !

L'œil de l'envieux !

Pourquoi, Dieu Tout-Puissant ?

Rawya en était à sa dix-septième piqûre quand la dépression s'empara d'elle. Son entourage mit cet état sur le compte de la fatigue. Personne ne soupçonnait que la maladie suivait ainsi son cours. Elle avait tant de raisons d'être déprimée ! Son frère n'en finissait pas de la critiquer, jusqu'à lui faire perdre confiance en elle. Ses deux filles, adolescentes, se montraient agressives et sarcastiques. Son travail était menacé. On ne cessait de répéter :

— La paysanne émancipée mène le pays à sa perte.

— La femme doit retourner au foyer, laisser à l'homme le monde du travail.

La première dame du pays, celle que l'on appelait la

Vertueuse, avait perdu, avec son mari, le pouvoir. Dans la rue, on crachait sur elle. Sa petite réforme féministe était menacée, et Moheb s'en réjouissait. Il espérait répudier Nada, recouvrer son appartement ! Dans ces conditions, le monde paraissait à Rawya difficile à supporter. Tout l'angoissait.

Elle rêvait d'une nouvelle lune de miel avec son mari. Mais elle n'en avait pas plus le temps que Mokhtar. Le poids de la maison pesait sur Rawya, et Mokhtar devait répondre à d'innombrables interviews. Les journalistes voulaient connaître les circonstances de sa détention, écrire comment on souffre en prison.

Comment faire comprendre cette peur de ne plus voir le jour ?

Lui crânait, joyeux, parce qu'il était à nouveau en liberté. Un optimiste impénitent. Un révolutionnaire entêté. Le gouvernement lui paraissait indécis et il espérait encore une fois lui imposer ses idées. Il se disputait avec Moheb qui prenait, comme d'habitude, le contre-pied de ses opinions. Rawya supportait de moins en moins ces querelles éternelles. Tous ces mots que Moheb et Mokhtar se lançaient depuis leur jeunesse, une éternelle bataille désolante. Rawya ne les entendait plus que dans un grand bruit de guerre armée. Ils l'obsédaient. Ils détruisaient hommes, bêtes et terre fertile !

Frustrée dans ses aspirations, malade et fatiguée, Rawya ne voyait plus autour d'elle que le malheur : sa nièce spoliée par les hommes ; son propre destin de femme accablée de devoirs, volée de ses droits ; des fortunes insolentes, les déshérités de son pays dont le nombre augmentait au rythme d'une démographie galopante. Elle touchait le fond de la souffrance, insupportable... Un enfer et une grande soif d'amour. Elle, une orpheline cheminant dans la vie avec des restes de tendresse.

Et Moheb, qui ne pouvait plus vivre avec Nada et se désolait de voir vieillir sa mère, qui reprochait à Mokhtar de mener le pays à sa ruine, s'apprêtait à partir encore une fois, la mort dans l'âme. Moheb qui n'y voyait pas clair, mais reprochait à Rawya de faire fausse route, lui disait :

— Pauvre fille ! Te voilà à l'âge du désespoir. Cela te passera !

Mokhtar la serrait dans ses bras. Il voulait desserrer l'étau d'angoisse en l'étouffant de baisers. Il promettait, jurait de rester auprès d'elle, d'être prudent, de ne plus narguer le pouvoir. Mais elle ne désirait pas voir Mokhtar changer. Il lui plaisait ainsi.

Le 6 janvier, ils vécurent une nuit de bonheur, comme une brève rémission de la maladie.

Ils avaient reçu des amis venus de l'étranger ; la femme était journaliste, comme Rawya. Ils voulurent lui montrer le pays sous son meilleur jour. On fêtait alors — cela n'arrive que trois fois par siècle —, la naissance du Prophète en même temps que celle du Christ. Depuis plus d'une semaine, à tous les coins de rue se montaient des étals improvisés, fragiles temples baignés de lumière ; on y vendait les images interdites par l'islam... en sucre : la barque de l'imam El-Shafe'i et, à la place d'honneur, la déesse sous son nom de Fiancée ou Poupée du Mouled, celle dont on fêtait les noces avec le dieu Nil pour assurer l'inondation du fleuve. Belle et douce à croquer.

Le soir, ils avaient promené leurs amis dans les quartiers populaires en fête. Ils avaient acheté une barque et une poupée géante, d'innombrables friandises pour les enfants de Ne'na'a. Du mausolée de l'imam El-Shafe'i, ils étaient allés à Sayedna El-Hossein, au cœur des festivités. Une immense tente était dressée près de la mosquée, compartimentée pour les différentes écoles de *zikr*, ce rituel qui glorifie le nom d'Allah, le Vivant, en le répétant d'innombrables fois. « Allah, Allah, Allah, Allah »... « Hay, Hay, Hay, Hay »... Ce nom d'Allah, le Vivant, psalmodié, chanté, dansé en rythme, jusqu'aux transes, jusqu'à l'oubli de soi en Dieu. Ils s'étaient installés à une terrasse de café pour mieux goûter la joie populaire. Ils avaient commandé une crème parfumée à la rose et à la cannelle. Puis ils avaient poussé jusqu'au Vieux

Caire où l'on fêtait la naissance du Christ. Dans les rues tortueuses du quartier souterrain, éclairé de lampions qui dessinaient, en traits de lumière, la croix, ils avaient suivi la foule jusqu'à l'église brûlée par on ne sait quelle main criminelle : le Vase de Basilic ; la Vierge, disait-on, avait baigné là Jésus, puis jeté l'eau du bain ; un plant de basilic y avait poussé. A côté de l'église brûlée s'élevait une autre, nouvelle ; on y célébrait la messe de minuit dans la fumée de l'encens, sous la protection d'icônes couvertes de feuilles d'or.

Ils avaient veillé tard, heureux. Puis commença le long cauchemar.

Rawya ne s'intéressait plus à son travail. Elle déclinait toute invitation. Elle désirait rester seule, s'enfermer chez elle.

La ville lui paraissait hostile, menaçante. Tout lui faisait peur, jusqu'aux publicités agressives : ces cigarettes qui sortaient d'un paquet géant de Kent, au sommet d'un gratte-ciel, dominant le clocher de l'église et le minaret de la mosquée ; ces lettres de Rothman King Size à chaque coin de rue, sur les kiosques à journaux. A côté de chaque publicité, elle voyait surgir la silhouette de son frère qui l'accusait, l'insultait. Puis la silhouette du frère cédait la place à l'image du président. Dans chaque avenue, l'un suivant l'autre, des arcs de triomphe à la gloire de ce président qui avait tant menacé de les détruire. Les masques du « héros » défunt faisaient autour d'elle une ronde ensorcelée, en costume militaire, une colombe de paix sur la tête, trois pyramides au-dessous de lui. Moustachu. Souriant. Sourcils froncés. Dans un cartouche royal, pour rappeler qu'il était pharaon, maître de tout ce qu'éclaire le soleil et qu'il allait renaître. Tout-puissant. Les poings serrés. Le visage sanguin. Sur les écrans de télévision. Il ressurgissait de sa tombe. Il écrasait Rawya. Il écrasait Mokhtar. Et Moheb leur lançait encore des mots cinglants qui la souffletaient en plein visage ; elle, comme autrefois Rawheya, au bord de la folie.

Les lumières de la fête du Prophète et celles de la Noël orthodoxe avaient disparu pour laisser place au sourire menaçant de la démence.

Cachée dans sa maison, comme à l'abri du Mal, Rawya voulait se terrer.

Un soir, Mokhtar emmena sa femme au bar de l'Hôtel Mena, là où vingt-six ans plus tôt, il lui avait promis d'être son prince charmant. Il voulait lui offrir un verre de whisky. Un peu d'alcool, il en était sûr, desserrerait ce funeste étau qui l'étouffait. Cela lui était arrivé une fois, quand un nuage passait dans leur vie. Mais elle refusa de boire. Elle se mit à pleurer, avec de grosses larmes, entrecoupées de spasmes, qui lui faisaient mal, comme si des myriades de voix s'étouffaient au fond de sa gorge.

Mokhtar l'enveloppa de son manteau pour la cacher des regards curieux. Doucement, tendrement, il la poussa vers la voiture, la ramena chez elle.

Elle ne reparut plus en public.

Les blessures que l'on croyait guéries faisaient à nouveau mal et la vue du Nil devenait insupportable. Autrefois, elle avait aimé se promener sur les berges du fleuve, entre l'allée de flamboyants et celle d'eucalyptus, près des plates-bandes de *poinsettas*. Autrefois, elle avait aimé acheter des fleurs, les disposer en somptueux bouquets. A présent, son dernier bouquet se fanait tristement. Elle n'osait plus lui donner à boire.

La grande soif commençait, une autre soif que celle d'amour. Son corps devenu étranger, rien qu'une immense douleur. Il s'était transformé en un désert brûlant, une Cité des Morts que la vie abandonne peu à peu. Pour étancher la soif, il suffisait de tendre les mains, tremper les lèvres : l'eau l'entourait ; il en coulait en abondance ; les masses humaines de son pays surpeuplé, serrées près du fleuve, en buvaient à satiété. Elle... toutes les Rawya de la terre ne pouvaient lui donner à boire. L'eau se vêtait d'un voile de deuil. Elle en avait une peur morbide.

Un matin, il fallut se rendre à l'évidence. Elle se trouvait dans l'appartement de son enfance, devant le lit à colonnes et la moustiquaire déchirée. Les cris de Rawheya l'habitaient. Elle les amplifia et c'était comme si des myriades de voix étouffées éclataient dans sa gorge. Puis un gémissement rauque et profond qui ressemblait au miaulement d'un chat en mal d'amour, les nuits de pleine lune. Et c'était comme si l'âme de Rawya avait abandonné son corps malade et s'était envolée loin, très loin.

Moheb, le premier, comprit. Il cacha derrière ses mains crispées les yeux qui n'avaient pas su voir clair. Il n'osait plus soutenir le regard de Mokhtar, ni celui de sa mère, ni celui d'Om'Abdou. Il avait honte de lui.

De toutes ses forces tendues, il se laissa imprégner par les cris de Rawya qui prolongeaient ceux de Rawheya, et cela lui déchira les entrailles et lui transforma le cœur.

LE TOURMENT DE MOHEB

Moheb partait. Rawya était condamnée, droguée pour ne plus souffrir et lui ne comprenait pas ce qui s'était passé. Il l'avait toujours adorée ; il ne pouvait vivre sans elle. Pourquoi l'avait-il détestée ? Elle ne pouvait plus griffer, la sœur jumelle, ses défauts s'estompaient. Il ne restait plus dans le souvenir que la douceur de sa peau, ses yeux de chat.

Il voulait trinquer avec Mokhtar encore une fois, échanger des plaisanteries, quelques bonnes tapes sur l'épaule, s'enlacer dans la joie. Cela leur arrivait autrefois. Mais Mokhtar ne l'écoutait plus. Il voulait rester seul avec son malheur.

Il s'en serait fallu de si peu pour que tout fût différent. Jouer avec Rawya comme deux chats avec un rayon de lune. Rire plus souvent avec Mokhtar.

Il y avait du jaune dans le bleu des yeux de Rawya, une pâle lumière, dorée comme celle du soleil. Il y avait une pupille ronde, couleur de jais. Les yeux de Rawya reflétaient la même lueur que l'œil sain de Rawheya...

Rawya n'avait plus que quelques heures à vivre et Moheb n'en pouvait plus de douleur. Il partait, mais il laissait son âme errer au milieu des objets aimés, sur les lieux de son enfance ; une âme amputée de sa sœur jumelle.

*
**

Moheb aurait voulu oublier ce dernier mois, faire qu'il n'eût jamais existé, se réveiller d'un cauchemar. Il éprouva la tentation de revenir là où se mourait Rawya. S'il la serrait contre lui, s'il l'enveloppait de ses bras, il pourrait lui insuffler cette vie qui se retirait d'elle...

*
**

Il devina que sa mère pensait encore aux vieilles légendes, à ce mauvais œil qui n'avait cessé de la hanter. Elle se souvenait de certaines paroles. La veille du grand malheur, une voisine lui avait dit :

— Tu as de la chance, toi, d'avoir une fille !

Et la vieille cousine qui n'avait eu que des fils, combien de fois n'avait-elle répété :

— Qui n'a pas de fille n'a pas d'enfant.

Des yeux d'hommes, des yeux de femmes, des yeux de chats hantaient Farida. Ceux qu'elle avait vus autrefois dans la felouque, ceux de la bête enragée qui lui ressemblaient si étrangement obsédaient Farida.

Moheb demanda à sa mère si sa santé lui permettrait d'aller le rejoindre là-bas, dans les déserts de neige. Elle fit un geste évasif. L'avenir ne l'intéressait plus. Sa mémoire ne lui faisait plus revivre le temps de sa jeunesse : le présent l'arrachait à son passé. Il se répétait douloureusement, chaque fois que revenait le souvenir d'une maladie dont on n'osait prononcer le nom. Le présent s'acharnait contre elle. Il était absence de Rawya.

Elle priait, la pauvre mère, avec ardeur, avec ferveur. Elle voulait forcer la main à ce Dieu qui détenait une baraka miraculeuse, capable de lutter contre le mauvais œil et les démons réunis. Elle avait toujours eu avec Allah une relation privilégiée, personnelle, elle lui parlait encore dans ses prières, il ne l'abandonnerait pas.

Elle se plongeait dans le silence, hébétée par le souvenir de ce qui pouvait arriver : des heures de grâce. Ses petites filles ne se doutaient de rien. Elles aimaient jouer au tric-trac avec leur grand-mère. Elles lui trouvaient l'espièglerie des jeunes enfants. Mme Farid bey jetait les dés avec enthousiasme, bien déterminée à gagner. Elle se mettait alors à parler turc :

— Sheish Gohar ! Sé Yak ! Dobarrah !

Elle priait Dieu, pour gagner, gagner aux dés, au jeu de la vie.

*
**

Lui, il avait perdu. Il n'arrivait plus à se tenir droit, comme si son dos s'était voûté en quelques jours. On aurait dit qu'en un mois, il avait vieilli d'un demi-siècle.

Il eut peur de mourir à l'étranger, comme son demi-frère. Avant de s'exiler, il avait fait jurer à sa sœur jumelle de l'enterrer dans son pays, de rapatrier son corps à n'importe quel prix. Mais sa sœur ne serait plus là pour s'occuper de lui et sa mère avait trop vieilli.

Survivre est une malédiction.

*
**

Arrivé sur les hauteurs de la route qui mène à l'aéroport, Moheb fit arrêter le taxi. Il regarda encore une fois sa ville : un monstre dévorant vallée et désert. Les maisons s'étalaient à perte de vue ; les étages se superposaient, montaient jusqu'au ciel ; tout allait finir par s'écrouler. Peu d'arbres apparaissaient entre les toits. On aurait dit une vaste couverture de béton étalée sur la capitale. Se pourrait-il qu'elle abritât des couples qui s'aiment ? Moheb prit peur, peur que le mauvais œil qui hantait sa mère ne lui poussât au milieu du front, qu'à son tour il n'enviât les gens heureux.

Il dominait la Cité des Morts, les pyramides, tombeaux d'un vieux soleil couchant qui s'apprêtait encore une fois à mourir. Au cœur de cette vaste nécropole, leur cimetière. Il ne ferait pas graver le nom de *Rawya Farid* sur la tombe de sa sœur. Il n'attirerait pas sur elle le mauvais œil. Ni lui ni personne ne pourrait lui faire du mal dans la mort. On la placerait près de Rawheya. Un jour, il ne resterait d'elles qu'un petit tas de poussière. Mais leurs cris demeureraient. Le monde entier les entendrait. Et lui, qui l'écouterait ?

Il lui fallait une autre vie pour tout recommencer. Il était en quête d'un personnage nouveau, surgi du rêve de Rawya et de Rawheya.

Près de leur cimetière, le mausolée de l'imam El-Shafe'i formait un grand cercle. Le croissant de lune posé sur sa coupole était aussi une barque ; une brise légère, un souffle venu du désert et des pyramides modifiait sans doute sa gracieuse courbe pour dire aux habitants de la nécropole qu'ils renaîtraient avec le soleil, que la lune se ferait barque pour les conduire à travers l'obscurité vers un jour nouveau.

Il rêvait d'être un homme riche. Mais la Cité des Morts qui l'entourait était peuplée de miséreux sans logis. Si c'était là que Rawya et lui devaient renaître, sauraient-ils vivre heureux comme Om'Abdou qui n'avait pour fortune que ses mains et pour royaume une terrasse ?

Et si lui renaissait femme ? Si son lot dans une autre existence devenait celui de Rawheya ?

Moheb ne voulait renaître ni pauvre ni femme. Il prit peur. Peur de renaître.

Il remonta en voiture comme un somnambule. Avant l'aube, les rues étaient presque désertes. Rien que les éboueurs avec leurs petites charrettes à ordures, tirées par des ânes fatigués.

Comme un somnambule, il se retrouva dans l'avion. Il partit en flèche entre ciel et terre, un sifflement dans l'oreille, long, aigu, strident : un mal insupportable. Il eut envie de crier comme Rawya, comme Rawheya. Il eut peur que personne ne l'entendît.

L'aube est si lente à venir quand on va vers l'Occident ! Et Rawya en train de mourir. Elle était peut-être déjà morte. Pourquoi ce sifflement continu, si long, si aigu ? S'arrêtera-t-il de le tourmenter, le cri de Rawya qui imitait si bien celui de Rawheya ?

— Aux chiens qui aboient on donne double portion pour les faire taire, disait Rawya.

Elle n'aimait pas qu'on lui marchât sur les pieds, Rawya. Elle ne supportait pas de voir les ânes et les gamousses dans les champs, soumis, assommés par de trop lourdes charges.

Elle mourait de rage, Rawya ! Elle était déjà morte, Rawya ! Non, ce ne pouvait être vrai. Elle jouait la comédie. La comédie de la folie. Comme, autrefois, Mu'ezza. Tout cela n'était qu'un cauchemar. Il allait s'endormir, se réveiller et tout serait terminé. Il y aurait une aube nouvelle, une vie nouvelle qui ne serait pas celle des déshérités, pour que le cri s'arrête !

Il y avait du jaune dans le bleu des yeux de Rawya, une pâle lumière, dorée comme celle du soleil.

Ils étaient nés pour voir clair, disait Om'Abdou.

Moheb s'assoupit. Il rêva.

Il traversait un grand désert, puis des forêts de palmiers rassemblés en groupes de trois, de quatre, de cinq. Il se sentait seul, perdu dans les vastes espaces. Chez lui, il y aurait une vallée verdoyante, de beaux jardins, une mère, une sœur, une épouse, une enfant. Il arriva chez lui. Il n'y avait que des blocs compacts d'appartements. Aucune bête, aucune plante. Les murs poussaient de partout. On aurait dit des arbres de béton. Il y avait eu autrefois des fauves, des singes, des bassins de papyrus et de lotus. Sa maison était bordée par une pépinière où poussaient les roses et les bananiers. Il y avait un parc botanique dont les palmiers royaux formaient un temple aux mille piliers blancs, et des ambassades, deux palais. A peine quelques immeubles épars. Tout avait changé. Il ne reconnaissait rien, ni personne. Des hommes, des femmes, des enfants, des marchands ambulants remplissaient les rues. La foule le regardait. Il ne ressemblait à personne. Lui était riche

229

avec sa veste en tweed, son cigare à la main, son paquet de viande sous le bras ; il possédait encore un appartement pour lui tout seul et une grande maison funéraire où l'attendait une plaque de marbre vierge.

La foule le pressait, il étouffait. Et personne pour le protéger. Et la fille de Rawheya se mit à crier, comme sa mère, comme sa tante, en le montrant du doigt, en l'accusant. Il crut voir Nada lui sourire, un fugitif instant. Le sourire s'évanouit.

La nuit tombait, une bâche d'obscurité avait couvert la forêt de béton, enveloppé les hommes. Des paysans, il en vint encore plus de Haute et de Basse Egypte et d'ailleurs. Ils se disputèrent des mètres de tissu au prix subventionné, du poisson frigorifié, un misérable logement. Lui chercha refuge dans son appartement. Il s'égara au milieu de rats qui s'entre-dévoraient. Il y en avait partout. Il y en avait trop. Leurs cris étaient stridents, discordants.

Il essaya de fuir. Il prit Rawya par la main. Une lumière les guidait : un pâle reflet. Ils arrivèrent sur la terrasse. Om'Abdou s'y·trouvait, accroupie devant sa bassine de linge à laver. Déesse grenouille. Ils levèrent les yeux vers le ciel. Ils virent une lune pleine, une bâche qui volait, se transformait en nuage, disparaissait. Ils baissèrent les yeux vers la terre. Des lampions dansaient comme aux fêtes païennes de Saïs, comme aux soirées de ramadan, quand les enfants vont de porte en porte donner le signal du grand repas. Ils regardèrent mieux. Ce n'était pas des lampions, mais des yeux de chats. Il n'y avait personne pour chanter *Wahaoui, Ya Wahaoui* et quémander argent ou friandises. Il n'y avait pas de rats, ni de vizirs, ni de sultans ; il n'y avait pas de maîtres. Rien que des chats miaulant de désir. De temps à autre, un chien hurlait à la lune.

Daouououououououou... Daouououououououou... Daouououououououou...

Moheb se réveilla entre ciel et terre. Il ne savait plus dans quelle direction il volait, s'il allait vers les déserts de sable ou vers les déserts de neige. Il flottait dans l'incertitude des réveils. Avait-il fait un cauchemar long d'un mois ?

Il n'entendait plus ce sifflement dans l'oreille. Mais un souvenir cruel, douloureux, lancinant, lui faisait mal : sa sœur jumelle, l'autre partie de lui-même, n'était plus. Et sur la terre, des hommes et des femmes continuaient à s'entre-tuer.

Il eut envie de crier fort, très fort, de prolonger le cri de Rawya enragée, celui de Rawheya hystérique, de l'amplifier à son tour pour qu'il perçât les ténèbres dans lesquelles il étouffait.

Il rêvait que lui et Rawya étaient deux chats clairvoyants.

Il se retrouvait seul, malade.

Pour guérir et briller, ses yeux avaient besoin de la petite lueur que reflétait le regard de sa sœur jumelle. Mais Rawya était loin, très loin. Et lui n'était rien. Rien que le grand désir de sa lumière.

TABLE DES MATIÈRES

PREMIÈRE PARTIE

DEUXIÈME PARTIE

Ouvrages parus aux Éditions Pierre-Marcel Favre

Mummenschanz, de M. Bührer (128 pages)

Voyage dans le théâtre, de J.-P. Atlhaus (248 pages)

Conversation avec Marcel Maréchal, de Patrick Ferla (280 pages)

Les chansons de Gilles, paroles et musique, de Jean Villard-Gilles (376 pages)

Michel Bühler, contes et chansons, (96 pages)

Dimitri Clown, de Patrick Ferla (112 pages)

I Lova you, de Lova Golovtchiner (220 pages)

Journal d'un cirque, de Jean-Robert Probst (112 pages)

Bernard Montangero, contes et chansons (120 pages)

Amicalement vôtre, de J.-V. Gilles (192 pages, épuisé)

Elvis, mon ami, de J. Delessert (472 pages)

Ma tête, de Janry Varnel (80 pages)

Charles Dutoit, de G. Nicholson (242 pages)

Benno Besson, de A. Cuneo

GRANDS ENTRETIENS

Les trois frères d'Israël, de S. Cohen (174 pages)

Afrique, les chefs parlent, Radio France Internationale (252 pages)

Kadhafi, de M. Kravetz, M. Whitaker, H. Barrada (242 pages)

Meïr Kahan, le rabbin qui fait peur aux Juifs, de R. Mergui et Ph. Simonnot (186 pages)

Sankara, un nouveau pouvoir africain, de J. Ziegler et J.-P. Rapp (180 pages)

VOIES ET CHEMINS

Personnes déplacée, de V. Dimitrijevic (224 pages)

Avant Corto, de H. Pratt (210 pages)

L'énigme Dieuleveult, d'A. Bédat (192 pages)

La nostalgie de la folie, de B. Bierens de Haan (136 pages)

Les voyages extraordinaires de Louis Moreau Gottschalk, de S. Berthier (544 pages)

Mourir pour la Palestine, de F. Kesteman (240 pages)

Le Dali d'Amanda, d'Amanda Lear (328 pages)

250 millions de scouts, de Laszlo Nagy (288 pages)

Exorcisme, un prêtre parle, de l'abbé Schindelholz (164 pages)

Soraya, de Henri de Stadelhofen (304 pages)

La bande à Jésus, de Marcel Haedrich (216 pages)

Dieu a déménagé, M. Haedrich (152 pages)

La marche aux enfants, d'Edmond Kaiser (616 pages)

La mémoire du chêne, du Dr Oscar Forel (204 pages)

Ces bêtes qu'on torture inutilement, de Hans Ruesch (376 pages)

Les secrets d'un guérisseur, de A. Besson (240 pages)

Terre et violence ou l'itinéraire de Maurice Zermatten, de Micha Grin (220 pages)

Les routiers du ciel, de J.-C. Rudaz (168 pages)

Mère Myriam, petite sœur juive de l'immaculée, de Emmanuel Haymann (216 pages)

A la conquête de la chance, de Cyril Chessex (192 pages)

Le fou de dieu, de J.-F. Krohn (156 pages)

Jean-Claude Nicole, l'éditeur aux mille défis, de M. Baettig (136 pages)

Ciobanu dit..., de P. Ferla (110 pages)

Sur la piste des cultures du monde, de Ch. Khaznadar (136 pages)

TOUS LES CHEMINS DE LA MÉDECINE

Tout savoir sur le regard, de M.-N. Slonina (260 pages)

Tout savoir sur les malades nerveux, du D^r van Renynghe de Voxvrie (env. 220 pages)

Tout savoir sur la sophrologie, du Dr Abrezol (env. 200 pages)

Tout savoir sur l'homéopathie, du Dr Maillé (200 pages)

Tout savoir sur cancer et sexualité, du Dr R. Cachelou (env. 168 pages)

Tout savoir sur son cerveau, du Dr Van Reynynghe de Voxvrie (272 pages)

Tout savoir sur la voix, du Dr Mary-Louise Dutoit (240 pages)

Vivre sans asthme, Drs Wasmer et M. Reinhardt (224 pages)

Ce qu'on vous cache sur le cancer, du Dr Philippe Lagarde (364 pages)

Le cancer : tout ce qu'il faut savoir, du Dr Philippe Lagarde (488 pages)

Chéri... tu ronfles, du Dr J.-M. Pieyre (150 pages)

Vos vêtements et votre santé, du Dr G. Schlogel (240 pages)

Le temps d'aimer ou pourquoi 52 % des hommes sont-ils des éjaculateurs précoces, de P. Solignac (144 pages)

Tout savoir sur les maladies sexuellement transmissibles, du Dr H. Saada (304 pages)

Comment vous alimenter sainement selon les principes d'un acupuncteur, de G. Fisch (118 pages)

Acupuncture et alimentation, du Dr Guido Fish (120 pages)

Apprenez l'accouchement accroupi, du Dr Moyses Paciornik (176 pages)

La chiropractie, clef de votre santé, du Dr P. Huggler (84 pages)

Tout savoir sur la cocaïne, du Dr P. Stein (104 pages)

Comment se sentir bien dans sa peau, du Dr J.-J. Jaton (96 pages)

Maîtrisez votre santé, du Dr Charles Terreaux (216 pages)

La douleur est inutile, du Dr Pierre Soum (232 pages)

L'influence des astres sur votre santé, du Dr C. Michelot (216 pages)

Mon approche du cancer, du Dr S. Neukomm (240 pages)

CARACOLE

Ces chevaux qui font du cinéma, de F. Nadal (172 pages)

L'agenda 87 du cheval, (168 pages)

Le livre du bourrelier-sellier-harnacheur, de P. Leurot (194 pages)

Réponses équestres, de Bacharach (172 pages)

Le cheval dans l'art indien, de J. Deloche (96 pages)

Soulagez votre cheval, du Dr Giniaux (132 pages)

Prouesses équestres, de Mario Luraschi (150 pages)

Les chevaux de Marlboro, (env. 140 pages)

Les femmes sont dans la course, de P. Brès (env. 120 pages)

Le cheval d'Algérie, de A. Lorenzo (120 pages)

Ch comme cheval, de I. Domon et P.-A. Poncet (240 pages)

ALBUM

Bravo UBS Switzerland, de J.-H. Addor (168 pages)

L'amour mortel, de S. Oppliger (136 pages)

Astrologie, de G. et D. Parker (218 pages)

A corps perdu, de Jean-Pierre Pastori (114 pages)

Patrick Dupond, ou la fureur de danser, de Jean-Pierre Pastori (104 pages)

Jean-Charles Gil, de Jean-Pierre Pastori (96 pages)

Men, de Joseph Caprio (80 pages)

Impressions in black, de P.-M. Delessert (92 pages)

Le skieur de l'impossible, de Sylvain Saudan (130 pages)

Ohmmes, de Christian Coigny (80 pages)

Portraits d'artistes, de Ch. Coigny (80 pages)

Les meilleures photos de Christian Coigny, (100 pages)

Tango, de Pablo Reinoso (88 pages)

Histoire des hommes volants, de Jacques Thyraud (200 pages)

REGARDS SOCIOLOGIQUES

IBM, une entreprise au-dessus de tous soupçons, de P. Halbherr (env. 300 pages)

Cultes du corps, de Eliane Perrin (200 pages)

L'avenir instantané, mouvement des jeunes à Zurich, de A. Willener (212 pages)

Mariages au quotidien, de Kellerhals, Perrin, Steinauer-Cresson, Vonèche, Wirth (300 pages)

La logique du conflit, de C. Mironesco (192 pages)

Temps libre, de Lalive d'Epinay, Bassand, Christe, Gros (264 pages)

L'échec scolaire, de Deschamps, Lorenzi, Meyer (272 pages)

DES CAUSES ET DES HOMMES

Pour le libéralisme communautaire, de P. Biya (150 pages)

Le paradis sauvé, de Franz Weber (242 pages)

Bonsoir, faites de doux rêves, de Michèle Maillet (244 pages)

Les Bahá'is, ou victoire sur la violence, de Christine Hakim (216 pages)

Ma vie de Kurde, de N. Zaza (288 pages)

Hommes et femmes, le partage, de Gabrielle Nanchen (196 pages)

Roland Béguelin, de Claude Froidevaux (144 pages)

La paix par les femmes, de Richard Deutsch (264 pages)

Jimmy Carter, de Louis Wiznitzer (192 pages)

Le colonisateur colonisé, de L. San Marco (232 pages)

De Gaulle : vous avez dit Belgique, de C. de Groulart (144 pages)

GRANDE ET PETITE HISTOIRE

Les Amérindiens et leur extermination délibérée, de F. Reichlen (env. 400 pages)

Mais qui a tué Markovic ?, de F. Marcantoni (240 pages)

KGB, objectif Pretoria, de R. Kauffer et R. Faligot (192 pages)

Le système Saoud, de Claude Feuillet (214 pages)

Histoires mystérieuses des trésors de France, de E. Haymann (200 pages)

Marie Durand ou les captives d'Aigues-Mortes, d'Anne Danclos (160 pages)

Le camp du bout du monde, de E. Haymann (292 pages)

CENTRE-EUROPE TIERS MONDE

L'épopée de Ségu, de Adam Konare Ba (200 pages)

Alcool et pouvoir des transnationales, de F. Clairmonte et J. Cavanagh (256 pages)

Marchands de sang, un commerce dangereux, collectif (310 pages)

Promesses de libération, de P. Jubin (140 pages)

La civilisation du sucre, de A. Imfeld (216 pages)

Le réveil indien, de Alain Labrousse (224 pages)

Tourisme et tiers monde, de P. Rossel (180 pages)

Haïti, briser les chaînes, collectif (192 pages)

L'empire Nestlé, de Pierre Harrisson (496 pages)

La Bolivie sous le couperet, de Théo Buss (376 pages)

Quel avenir pour le Sahel ? de P.-C. Damiba et P. Schrumpf (224 pages)

L'exportation du swiss made, de H. Stetter (128 pages)

Le vieil homme et la forêt, de Lorette Coen (128 pages)

Les médicaments et le tiers monde, d'Andras November (216 pages)

L'église et les pauvres, de Julio de Santa Ana (276 pages)

Un continent torturé, collectif (216 pages)

NOUVELLE PLANÈTE

Vers une entraide internationale efficace, de W. Randin (144 pages)

DOCUMENTUM

La saga du boulot, de F. Rochat (652 pages)

Jacques Bergier, le dernier des magiciens, de Jean Dumur (96 pages)

Le crime nazi de Payerne, de Jacques Pilet (200 pages)

Maman-révolution, d'Alex Décotte (152 pages)

De l'esprit de conquête, de Benjamin Constant, (96 pages)

Média et société, de Stelio Molo (144 pages)

Dictionnaire critique de psychiatrie, de B. Bierens de Haan (304 pages)

Ingénieur métier de femme, de M.-A. Roy (100 pages)

EN QUESTION

Au cœur du racisme, de J.-P. Friedman (258 pages)

Les trafiquants de bébés à naître, de J. Delaye et C. Jacquinot (160 pages)

L'esprit des mœurs, du Dr Q. Debray (190 pages)

L'effet des changements technologiques, de René Berger (236 pages)

Demain la décroissance, de Nicholas Georgescu-Roegen (160 pages)

La sexualité infantile, du professeur P. Debray-Ritzen (134 pages)

On peut quitter la drogue, de Pierre Rey (132 pages)

L'enjeu nucléaire, de Jean Rossel (126 pages)

L'aube solaire, de Jean-Claude Courvoisier (144 pages)

La relève énergétique, de J.-C. Rochat et Jean Rossel (204 pages)

L'argent secret et les banques suisses, de Jean-Marie Laya (128 pags)

Votre chien est intelligent, de Frédérique Langenheim (128 pages)

Chère médecine, du Dr P. Rentchnick et G. Kocher (200 pages)

Le consommateur averti, de Jacques Neirynck (176 pages)

Que penser des apparitions de la vierge, de M. Hallet (270 pages)

BIOGRAPHIES

Corneille ou le Shakespeare français, de R. Guerdan (296 pages)

Verdi sous le regard de l'amour, de Magda Martini (190 pages)

Hugo, l'homme des misérables, de Jeanlouis Cornuz (460 pages)

Pasteur, de M. Valléry-Radot (346 pages)

L'ENSEIGNEMENT AUJOURD'HUI

Voyage dans le monde des sourds, de J. Lelu-Laniepce (216 pages)

Il n'y a pas de mauvais élèves, de Jürg Jegge (176 pages)

Le théâtre pour enfants, de Claude Vallon (192 pages)

La tête pleine d'élèves, d'un groupe d'enseignants (128 pages)

Les ateliers de cinéma d'animation, film et vidéo, de Robi Engler (384 pages)

Lexique suisse romand-français, de C. Hadacek (144 pages)

Le toucher, de A. Serrero et C. Calmy-Guyot (124 pages)

PHALANSTÈRE ET LA FLEUR AU FUSIL

Permis de conduire, de L. Golovtchiner, Burki (64 pages)
Raccourcis, de C. Richoz (192 pages)
Petite encyclopédie du rire, de M. Picard (232 pages)
Petite encyclopédie du baiser, de J.-P. Tournier et A. Mourier (186 pages)

Le sac à fouilles, de Ricet Barrier (96 pages)
Portraits de saute-mouton, de Janry Varnel (100 pages)
Moi j'aime les P., de Jack Rollan (32 pages)

L'ÂGE D'OR DES LOISIRS

Monsieur jardinier, de J.-C. Gigon (314 pages)
La chasse aux trésors, d'Emmanuel Haymann (160 pages)
A la découverte de l'or en France, de Xavier Schmitt (136 pages)

Les recettes de vos vedettes, de Jacques Bofford (160 pages)
Découvrez et maîtrisez le scrabble, de Didier Clerc (320 pages)

LES CAILLOUX BLANCS

Guillaume Tell, de Pascale Allamand et Henri Dès (36 pages)

La planète des gosses, de G. Bruchez, D. Curchod, M. Dami, B. Pichon (52 pages)

« S » COMME SPORT

Caisses à savon, de M. Grin (180 pages)
Check-Lists du plaisancier, de G. Maisonneuve (208 pages)
Sport en sécurité, de H. Potter (128 pages)
Jogging = santé, de H. Schild (160 pages)
Roller skate, d'Alain-Yves Beaujour (148 pages)
Trial et motocross, de Bernard Jonzier (132 pages)

Arc et arbalète, de Pierre Dubay (208 pages)

Skiacro, le ski libre, de M. Luini et A. Brunner (112 pages, épuisé, sera réédité)

Delta, de Jean-Bernard Desfayes (160 pages, épuisé)

Tout sur le breakdance et la hip-hop culture, (144 pages)

EN SUISSE

L'album privé du général Guisan, de Liliane Perrin (140 pages)
Genève doit-elle rester suisse ? de M. Baettig (120 pages)
Le dossier Medenica, de B. Robert-Charrue (224 pages)
Dehors ! de V. Bory (110 pages)
Musique de Romandie, de C.-H. Bovet et D. Curchod (216 pages)
La Romandie chante, de M. Grin et D. Curchod (168 pages)
La Romandie dominée, de G. Grimm-Gobat et A. Charpilloz (128 pages)

Histoire et actualité des chercheurs d'or en Suisse, de Pascal-Arthur Gonet (104 pages)
Armes individuelles suisses, de Clément Bosson (210 pages)
Faites diligence, de J. Charles, C. Froidevaux, F. Musy (104 pages)
Roger Nordmann, ou les chaînes du bonheur, de Patrick Nordmann (152 pages)
Le colonel fasciste suisse, Arthur Fonjallaz, de C. Cantini (224 pages)

Achevé d'imprimer en janvier 1987
sur les presses de l'imprimerie Laballery
58500 Clamecy
Dépôt légal : janvier 1987
Numéro d'impression : 701034